零基础轻松学

五子棋入门

张 坦 史思旋 主编

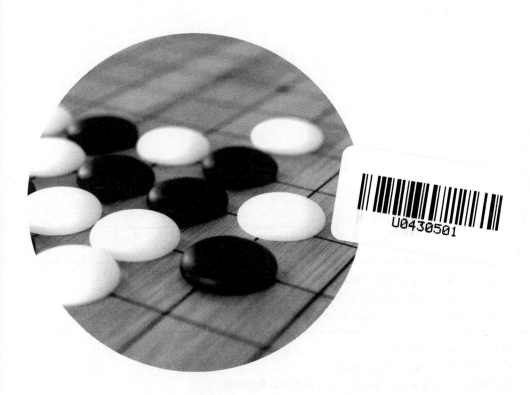

化学工业出版社

·北京·

图书在版编目（CIP）数据

五子棋入门/张坦，史思旋主编. —北京：化学工业出版社，2022.7

（零基础轻松学）

ISBN 978-7-122-41160-0

Ⅰ.①五… Ⅱ.①张… ②史… Ⅲ.①五子棋–基本知识 Ⅳ.①G891.9

中国版本图书馆CIP数据核字（2022）第057104号

责任编辑：宋　薇　　　　　　　　　　责任校对：赵懿桐

出版发行：化学工业出版社（北京市东城区青年湖南街13号　邮政编码100011）
印　　装：大厂聚鑫印刷有限责任公司
710mm×1000mm　1/16　印张13　字数200千字　2023年1月北京第1版第1次印刷

购书咨询：010-64518888　　　　　　　售后服务：010-64518899
网　　址：http://www.cip.com.cn
凡购买本书，如有缺损质量问题，本社销售中心负责调换。

定　　价：58.00元　　　　　　　　　　　　　　　版权所有　违者必究

序

"零基础轻松学"丛书包含围棋、象棋、国际象棋、五子棋等多个分册，内容的选取以棋牌爱好者喜闻乐见的休闲益智项目为主。这套丛书的作者云集了在体校和少年宫从教几十年的金牌教练，从事和研究智力运动的专职体育工作者、教育工作者和资深编辑。他们将自身丰富的专业经验，融入"零基础轻松学"丛书的写作中。

对于棋牌类各项目的初学者，能由一本指引性好的图书领进门，更有利于后续发展。本丛书注重讲解基础知识，尤其重视基本功训练，目的无非是让爱好者在向更高阶迈进之前先打下牢固的基础。在写法上则追求启发式，沿着由浅入深、以点带面的线索，举一反三，鼓励独立思考。

智力运动可以培养孩子的专注力和自控力，有助于他们脑力发育和快乐成长；对成年人来说，增加一项业余爱好也绝对有益，在修身养性的同时养成正确判断、沉着冷静的好习惯。特别是在当下教育改革推动学业减负之时，对学生综合素质的培养和提升提出了更高的要求，如果忽视了这一点则孩子间的差距可能会越来越大。

棋如人生。在一盘棋中，关键的一步下错了，往往导致满盘皆输。人生也一样，经常是那紧要的一两步起了决定性作用。起点虽决定不了终点，但已足以影响一生。

范孙操

前　言

五子棋规则简明，趣味性强，零基础即可入门，能给下棋人带来诸多好处：孩子下五子棋，可以提升专注力、养成静心思考和独立解决问题的好习惯，对于提升形象思维、逻辑思维、推理能力都有很大帮助；成人下五子棋，可以缓解压力，调节情绪，使身心得到放松。

世界上许多国家和地区的爱好者，对五子棋都有不同的爱称。例如，韩国人把五子棋称为"情侣棋"，取意情人之间下五子棋有利于增进情感的交流；欧洲人称其为"绅士棋"，意喻下五子棋有君子风度；日本人则称其为"中老年棋"，认为五子棋适合中老年人的生理特点和思维方式。

相传我国尧舜时期发明了五子棋，它将科学、艺术、竞技、娱乐与教育五者融为一体，体现了中华民族对智慧的追求。现今五子旗已经成为深受人们喜爱的益智活动，也是国际文化、体育交流中不可缺少的内容。

五子棋看起来简单，但是想要持续提升水平却不容易。《五子棋入门》从最基本的棋盘与棋子、读谱与记录方法、胜负与和棋讲起，把棋盘上一枚棋子、二枚棋子、三枚棋子、四枚棋子、五枚棋子的局势逐一讲清楚，再过渡到形象意会棋形，让爱好者在逐层递进的讲解中自发走进五子棋的对局中，通过自学、多练的方式稳步提升棋力。

《五子棋入门》是一线教师的经验汇总，书中以实战棋局为例，细心拆解每一步的思考过程，从初学者感兴趣的、想知道的角度出发去编写，语言风格也是亲切对话的形式，使全书读起来就像是身边有位老师在手把手地教。书中还提供了100道综合训练题，全部都有参考答案，旨在帮助读者通过学练结合的方法打下牢固的基础，帮助初学者在学习和练习中获得成就感，大幅提高学棋的效率。

由于水平所限，本书若有不妥之处，诚望棋界人士和广大读者多多指教。

张坦

目 录

第一章　基础知识 ····································· 1

　　一、棋盘与棋子 ································· 2

　　二、读谱与记录方法 ······························ 4

　　三、胜负与和棋 ································· 9

　　四、五子棋大众规则 ······························ 11

　　五、练习题 ···································· 14

第二章　基本棋形 ····································· 19

　　一、关于五枚棋子 ································ 19

　　二、关于四枚棋子 ································ 22

　　三、关于三枚棋子 ································ 29

　　四、关于二枚棋子 ································ 39

　　五、关于一枚棋子 ································ 53

　　六、形象意会棋形 ································ 57

　　七、练习题 ···································· 71

第三章　基本技巧 ·· 75

　　一、四四 ·· 75

　　二、四三 ·· 82

　　三、三三 ·· 87

　　四、连续冲四胜 ·· 96

　　五、连续活三胜 ·· 116

　　六、练习题 ··· 121

第四章　综合训练100题 ······································ 125

第五章　五子棋专业规则 ······································ 175

　　一、专业规则详解 ··· 175

　　二、各式开局及规则介绍 ································· 187

第一章　基础知识

五子棋，又名"连珠"，源于东汉·班固《汉书·律历志上》"日月如合璧，五星如连珠"。五子棋是一项有趣、益智的棋类游戏。五子棋起源于中国，据传可以追溯到远古时期，人们用漂亮的石头作为棋子来下五子棋。

在唐朝时期，五子棋从我国流传到了朝鲜半岛。在17世纪末，五子棋经朝鲜半岛传到日本。最初是日本宫廷贵族的游戏，后流传至民间。因其简明易学，得以迅速发展，为人们喜爱。至20世纪中叶，五子棋传入欧洲，以"短、平、快"又富有哲理性的特点迅速征服了欧洲人，在欧洲得以风靡。

1988年8月8日，国际连珠联盟（RIF）成立，总部设在瑞典的斯德哥尔摩。随后，国际连珠联盟相继举办了世界连珠锦标赛、世界连珠团体锦标赛、世界青少年连珠锦标赛等。那威于2017年起担任国际连珠联盟名誉主席一职。

2002年8月，我国于北京举办了首届全国五子棋邀请赛。2006年2月，五子棋被国家体育总局列为国家正式开展的体育项目，由国家体育总局棋牌运动管理中心（中国棋院国际跳棋和五子棋部）管理。

五子棋是两人对局，轮流下子，先将五枚子连成一行者为胜。五子棋易学难精，妙趣横生，老少皆宜。五子棋是一项集科学、艺术、竞技、娱乐、教育为一体的智力运动。

五子棋有大众规则和专业规则。大众规则适合于广大的五子棋爱好者，本书前四章将着重介绍五子棋大众规则的相关知识和攻防技巧，此为本书一大亮点。专业规则是为了更好地完善五子棋的竞赛手段，更加适合于五子棋的专业棋手，本书第五章也将介绍五子棋专业规则的相关技战术。

一、棋盘与棋子

《孙子兵法·地形篇》有云："夫地形者，兵之助也。料敌制胜，计险厄远近，上将之道也。"初学五子棋的朋友，认真了解棋盘的构成和特点，是十分重要的。

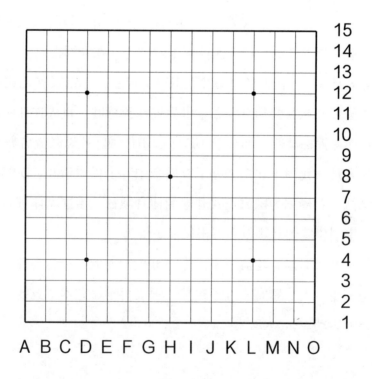

图 1-1

第一章 基础知识

如图1-1所示是五子棋的棋盘，可以用各种材质制成。棋盘由15条横线及15条竖线交叉构成。横线竖线交叉形成的225个交叉点为对弈时的落子点。棋盘下面的英文字母A～O称纵坐标，棋盘右边的阿拉伯数字1～15称横坐标。棋盘上的225个交叉点都有一一对应的坐标读数，先读纵坐标再读横坐标。H线与8线的交叉点，称为"天元"，用"H8"表示。除了有"天元"，还有四个星位，分别在"D12"、"L12"、"D4"和"L4"的位置。大家在棋盘上可以看到，"天元"和"星位"分别用实心小黑圆点特别标示出来了。为方便辨识，图1-2中在这五个点上，我们给分别摆上了白子。

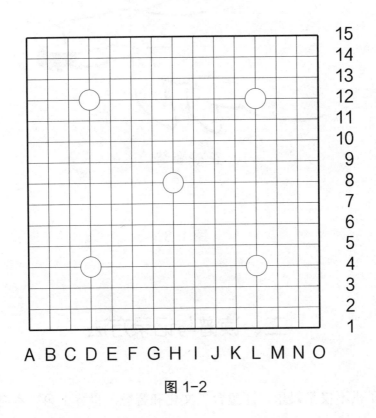

图 1-2

五子棋的棋子分黑、白两色。形状为圆或扁凸形皆可，可任意材料制成。五子棋的棋子数量是黑方113枚，白方112枚。

棋艺难成，先学执子。想下好五子棋，先从如何执子开始。用中指和食指的指尖夹住棋子（图1-3），准确地将棋子轻轻放在棋盘的交叉点上，即完成执子和落子。

对局双方各执一色棋子，黑方先，白方后，交替布子。每次只能下一子，落子生根，不得悔棋。

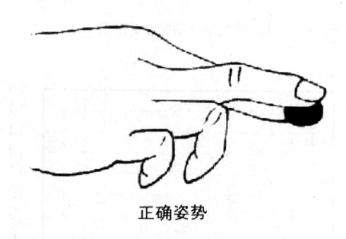

正确姿势

图 1-3

二、读谱与记录方法

下五子棋不仅是娱乐，还蕴含了文化和智慧。世界上第一本有关五子棋的书籍是1858年在日本出版的。学会五子棋的读谱和记录方法，不仅是为了保存、整理和研究对局，更是一种积极向上的学棋态度和一种追求进步的学棋方法。那么，该怎样正确地做五子棋棋谱的记录呢？

第一章　基础知识

其实，五子棋的读谱、记录是非常简单的，可以说一看就会，但是一定要仔细，不可毛躁大意。首先，我们用正确的执子方法，将棋子落在棋盘的交叉点上。其次，按照落子的位置，准确地用笔画在记谱纸上，画个小圆圈并标注数字，黑棋用单数①③⑤⑦⑨……，白棋用双数②④⑥⑧⑩……，要求字迹清晰，记录准确。图1-4就是一局棋的棋谱记录示范了。

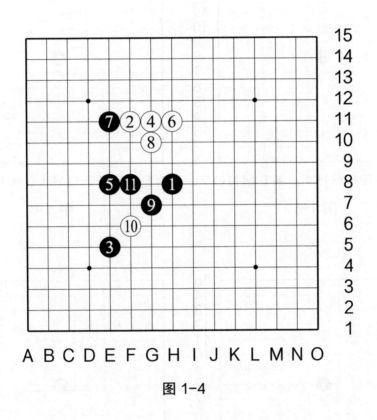

图 1-4

我们也可以通过图1-4来学习读谱。为什么要读谱呢？下棋时，我们把所走的棋记录下来就叫棋谱记录。学会了棋谱记录，我们就可以把自己下的棋或者是他人下的棋从头至尾地记录下来。既可以检查自己哪里走得好与不好，也可以学习他人是如何下棋的，从中进行分析、拆解，使自己的棋艺水平能更快提高。

请您把棋盘、棋子准备好，跟随我通过图1-4的这局棋，来完整地了解五子棋做记录、读棋谱的方法。黑方先行，图1-5~图1-15展示了双方所下的每一手棋。

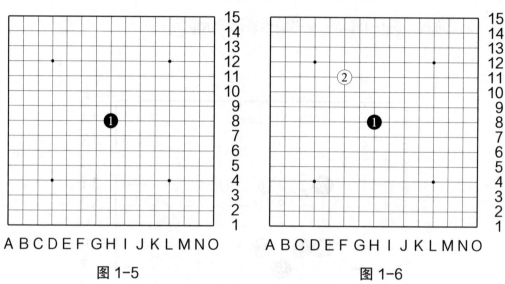

图 1-5　　　　　　　　　　图 1-6

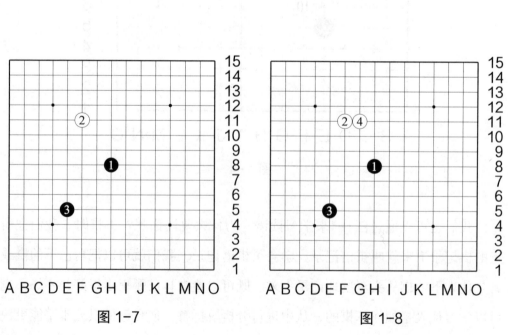

图 1-7　　　　　　　　　　图 1-8

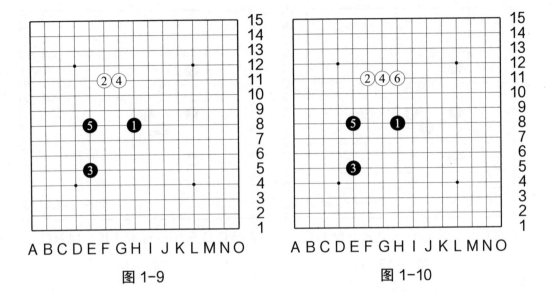

图 1-9

图 1-10

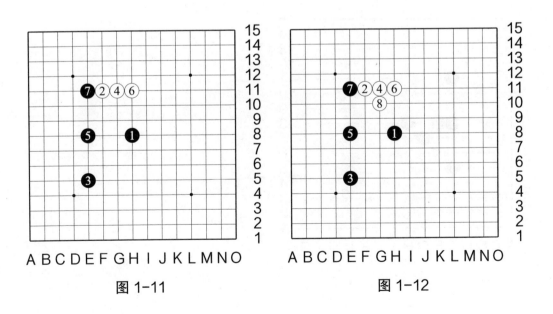

图 1-11

图 1-12

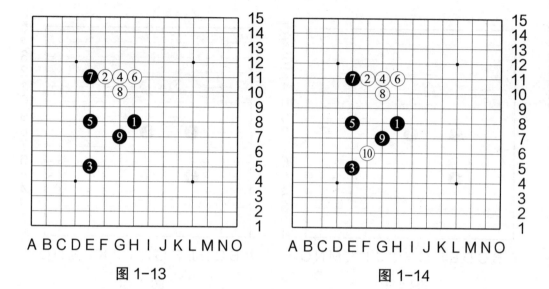

图 1-13   图 1-14

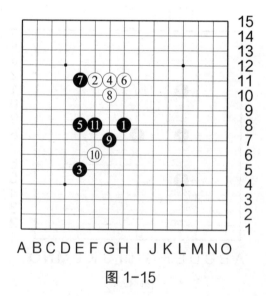

图 1-15

从图1-5～图1-15，你都摆对了么？读谱和记录是五子棋的基本功之一，需要反复练习，才能熟练掌握。

三、胜负与和棋

有人说，下棋很快乐，又有人说，下棋很痛苦。当你下上五子棋，就要面临三个对局结果：胜、负、和。赢棋给人带来快乐，输棋往往令人烦恼。

1. 胜负

双方在棋盘上先后落子，谁先在棋盘上将五个同色棋子呈直线或斜线连成一条线，便是胜利方。换句话说，五连为胜，对局双方谁最先在棋盘上形成五连（图1-16～图1-18），谁就赢了，当然赢方的对手就输了。

这时也许有朋友问了，多于五连的，如六连、七连甚至更多子长连的，算不算获胜呢？回答：在五子棋"大众规则"里都算获胜。

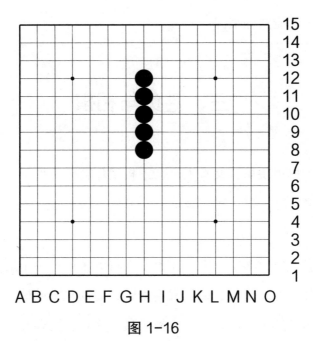

图 1-16

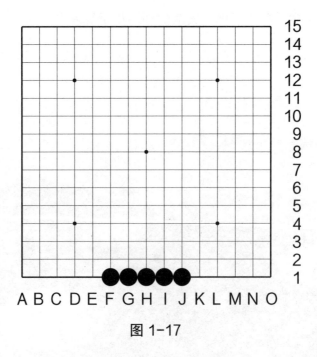

图 1-17

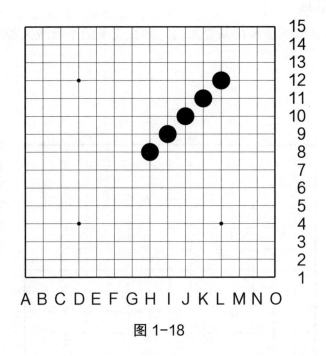

图 1-18

2. 和棋（平局）

全盘各点已快下满，几乎已无空白交叉点，双方均无连五的可能，判和棋。或一方提议和棋，另一方表示同意，亦以和局告终。

四、五子棋大众规则

以下所列条款来源于中国棋院国际跳棋和五子棋部。

（一）棋具

棋盘：棋盘以纵横各15条等距离、垂直交叉的平行线共225个交叉点构成（图1-19）。

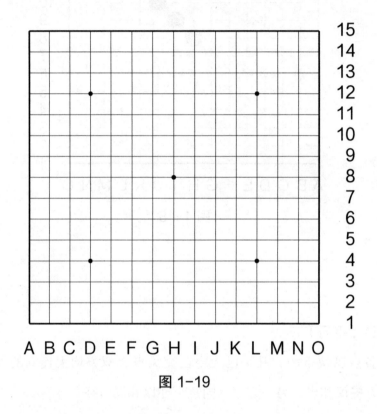

图 1-19

棋子：棋子分黑、白两色，棋子的数量应能保证顺利终局，黑色棋子113枚，白色棋子112枚。

（二）行棋

双方各执一色棋子交替行棋，黑先白后，空盘开局。棋子应落在棋盘的交叉点处，落子后不得移动。

（三）终局

当任意一方率先以横线、竖线或斜线连成五连或长连时（图1-20和图1-21），对局结束，连成方获胜。对局过程中，将要行棋的一方有向对方提议和棋的权利，经对方同意即以和棋终局，否则对局继续。

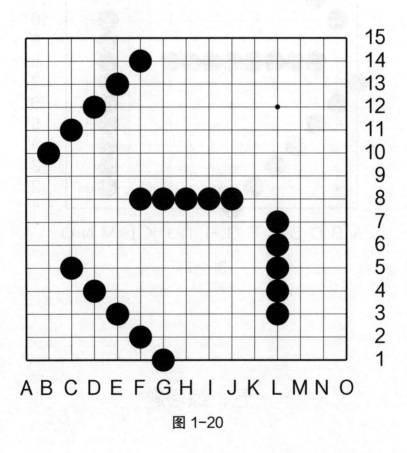

图1-20

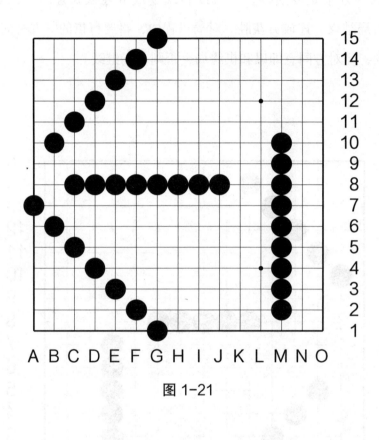

图 1-21

五、练习题

问题

以下八个局面（图1-22～图1-29）均为黑方先走。每个局面12.5分，共计100分。

第一章 基础知识

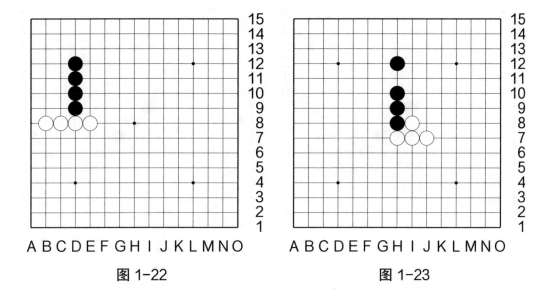

图 1-22　　　　　　　　　图 1-23

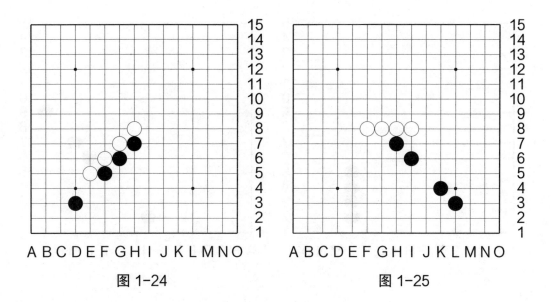

图 1-24　　　　　　　　　图 1-25

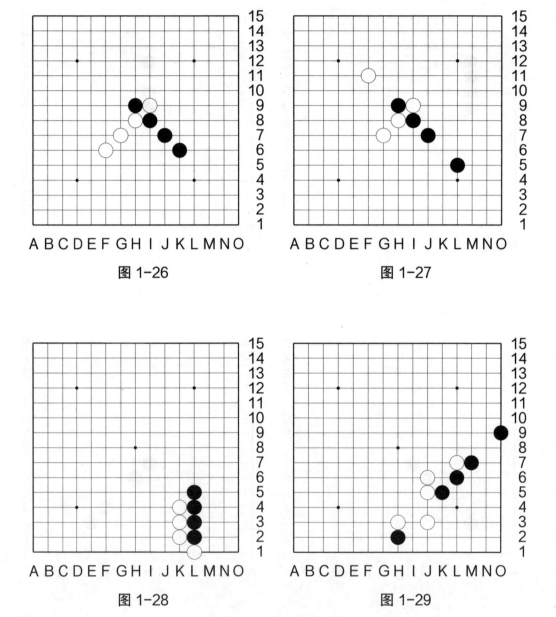

图 1-26

图 1-27

图 1-28

图 1-29

答案

图中，黑子落在A点（或B点），即可获胜。

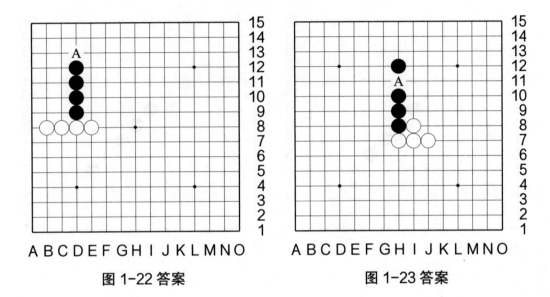

图1-22 答案

图1-23 答案

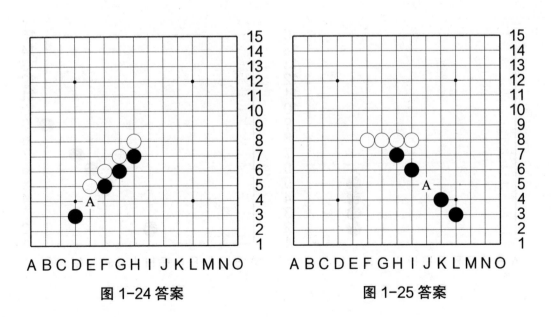

图1-24 答案

图1-25 答案

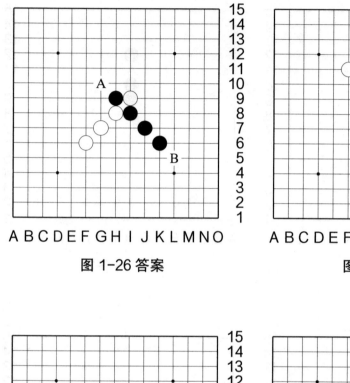

图 1-26 答案

图 1-27 答案

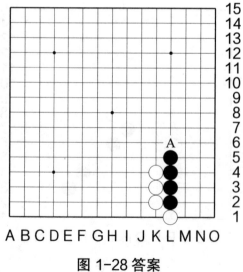

图 1-28 答案

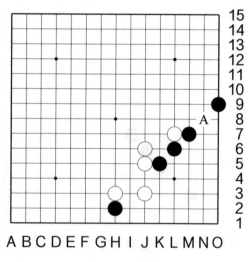

图 1-29 答案

第二章 基本棋形

一、关于五枚棋子

如图2-1所示,五子棋是将自己的五个棋子连成一条线就算赢的游戏。必须是连成一条线且不间断的五个子,才能叫作五连,如此才能赢棋。五子棋是在广阔空间内不断增兵,构建连防,争取以最少子连五为胜。正所谓"以五为尊,先五获胜"。五子棋的重点是"连"。五子棋好比是短兵相接的肉搏,贯

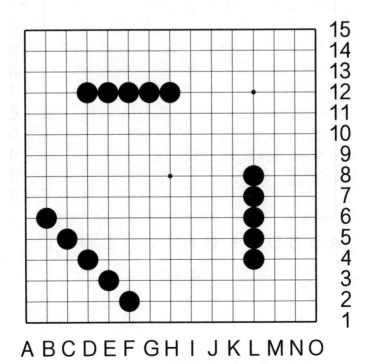

图2-1

穿整盘的精髓就是一个字：连。同时还要注意，棋子放下去之后是不能移动的。五子棋不能吃子，只能通过形成连五来打败对方。

我们已经知道了五子棋的棋盘形状是正方形，15×15大小，共有225个交叉点。在这里给大家提一个有趣的问题，"在五子棋的棋盘上能摆出几种3个连五？最少用多少子？"大家也许不明白，还是一头雾水。我在这里对问题进行补充说明，五子相连为1个连五，3个连五为一组，那在棋盘上能摆出几种3个连五？最少的3个连五那一组需要用几个棋子？请琢磨琢磨，将想好的答案填写在图2-2中。

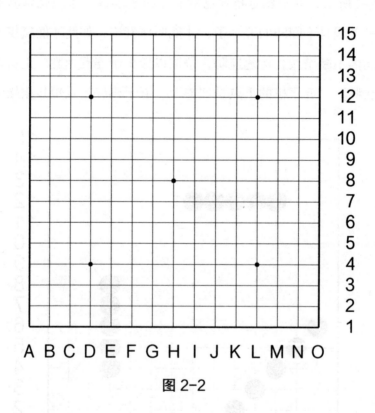

图2-2

下面，我们来揭晓答案，请看图2-3。

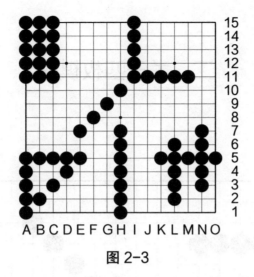

图 2-3

您想到了吗？解释一下，在五子棋棋盘上最多能摆出五种 3 个连五。最少的一组只需要用 7 枚子。

如图 2-4 所示，在一张五子棋盘内，摆出了五组 3 个连五，即 A 组、B 组、C 组、D 组和 E 组。其中，A 组、B 组、C 组和 E 组比较直观。D 组仅仅用了 7 枚子相连，就呈现出了 3 个连五，即 H1-H2-H3-H4-H5、H2-H3-H4-H5-H6 和 H3-H4-H5-H6-H7。这体现了五子棋高手们追求最大限度利用盘上的子，高效实现连五的精妙。

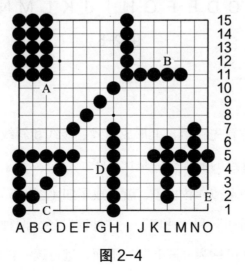

图 2-4

二、关于四枚棋子

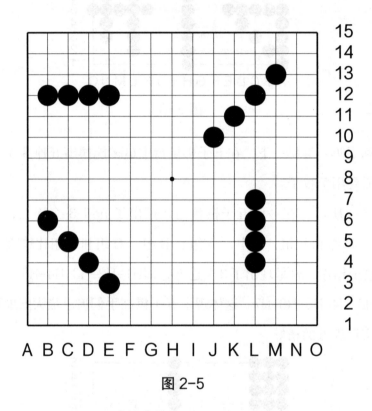

图 2-5

黑、白任意一方首先在棋盘上形成横线、竖线和斜线的五连棋形时，即算获胜。那么，形成五连的前提条件是什么呢？

从连五的形状中拿掉一枚棋子，就形成了四（图2-5）。

四可以分为"活四"和"冲四"。"冲四"还分两种，包括连冲四和跳冲四，其中，跳冲四又可称为"嵌五"。下面，进行逐一讲解。

（一）活四

活四的棋例如图 2-6 所示。

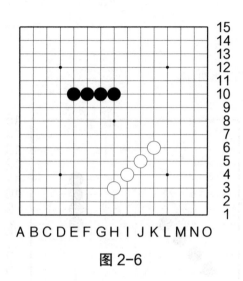

图 2-6

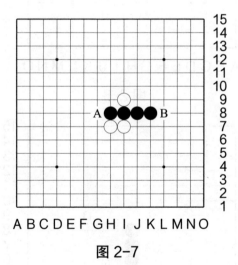

图 2-7

如图 2-7，此时轮白方行棋，白棋该怎么办呢？无论白棋下在 A 点还是 B 点，黑棋将会在这四枚黑子的另一头形成五连，白棋无法防守，只能认负。

像图 2-6 和图 2-7 这样的四，紧挨着形成一线，并且两头都能形成五连，这样的四个子称为"活四"。

结论：一方如果形成了"活四"，另一方则已经无法阻挡住对方的连五，只能接受输棋。

（二）冲四

1. 连冲四

连冲四的棋例如图2-8所示。

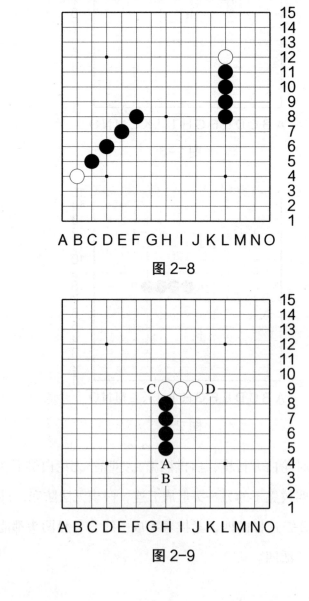

图 2-8

图 2-9

如图2-9，此时轮白方行棋。图中的 A、B、C、D 四个点中，白棋应该下在哪里呢？

答案是 A 点。因为黑棋直线上 H5、H6、H7 和 H8 已经形成四个连在一起的子，如果白子下在其他点的话，黑棋将在 A 点形成五连。

像图2-8和图2-9这样的四，虽然黑棋也是一条线上四个子，但是这四个子有一端是被挡住的，尽管不是活四，但是白方也必须去挡住将要成五连的点。像这样的一条线上一头被堵住的四个子，称为"冲四"。

2. 跳冲四

跳冲四的棋例如图2-10所示。

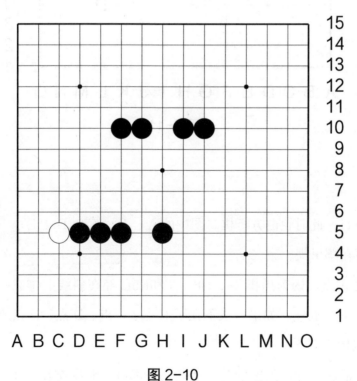

图 2-10

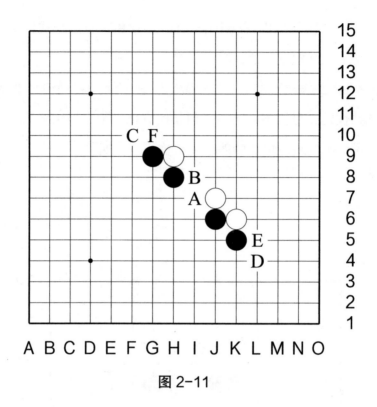

图 2-11

如图 2-11，此时轮白方行棋。图中的 A、B、C、D、E、F 六个点中，白棋应该下在哪里呢？

答案是 A 点。因为黑棋 G9、H8、J6 和 K5 已经在斜线上排成一行，下一步将会在 A 点形成五连。如果白棋下在了 B 点、C 点、D 点、E 点或 F 点，黑棋都会下 A 点形成五连。

结论：活四与冲四的区别是，活四两头都可以形成连五，冲四只有一头可形成连五。也就是说，活四已经无法阻挡了，冲四是可以阻挡的。

下面，我们通过两则对局，来展示"活四"与"冲四"在实战中的意义。

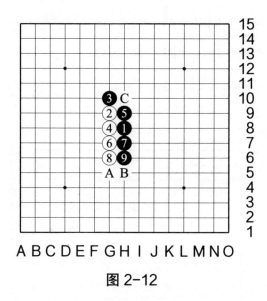

图 2-12

如图2-12，此时轮白方行棋。尽管黑方已经形成了活四（第1手、5手、7手和9手），但是因为白棋的第8手已经是在冲四了，所以现在白棋可以直接下在A点形成五连获胜，而不用下B点或C点。

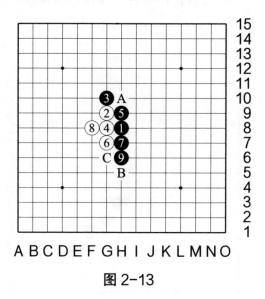

图 2-13

图2-13中，白棋的第8手没有进行冲四，所以黑棋可以在第9手下成活四。现在不管白棋是下在A点或者B点，还是在C点冲四，黑棋都可以抢先一步成五连，黑棋获胜。

结论：活四，相当于同时冲两个四，是必胜的棋型。

冲四，必挡。所以冲四是绝对的先手。

（三）死四

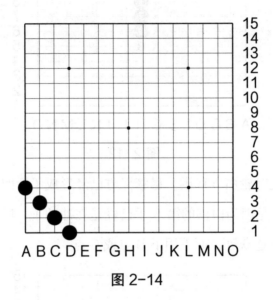

图 2-14

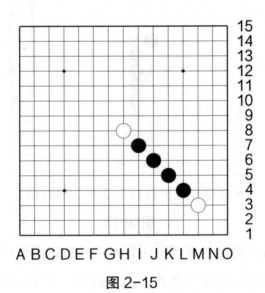

图 2-15

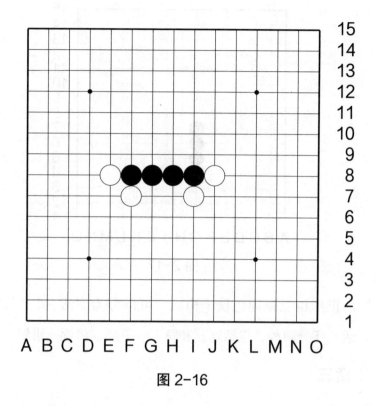

图 2-16

四枚子在一条线上,且不能成五的棋形,称为"死四"(图2-14~图2-16)。

结论:像死四这样的棋形,虽然失去了一条线两个方向上的连接,但还可以为其他方向的连接服务。

三、关于三枚棋子

我们已经知道,五连是由活四和冲四得来的,那么活四和冲四则是通过"三"得来的(图2-17)。

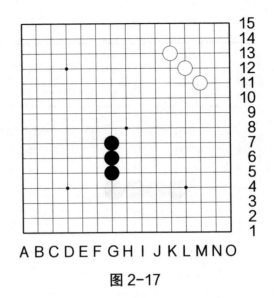

图 2-17

"三"的棋形由三颗同色棋子构成,可以分为"活三"、"眠三"和"死三"。其中,活三还分两种,包括连三和跳三。下面,将逐一讲解。

(一)活三

1. 连三

在图2-18中,黑棋如何形成活四?

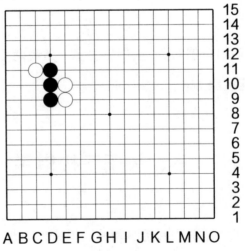

图 2-18

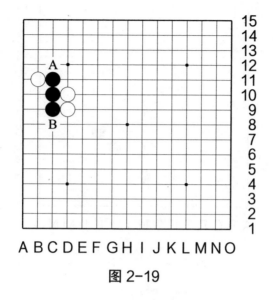

图 2-19

如图2-19，黑棋下在 A 点或 B 点都能形成活四。

2. 跳三

在图2-20中，黑棋如何形成活四？

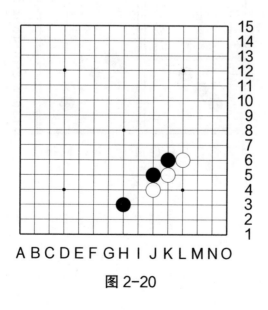

图 2-20

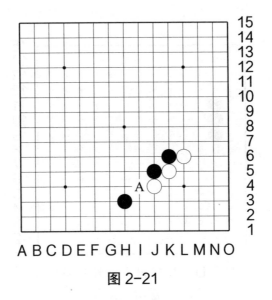

图 2-21

如图2-21，黑棋下在A点能形成活四。

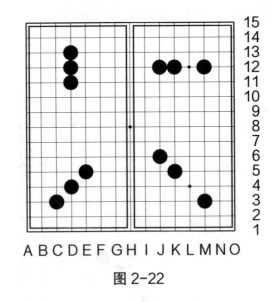

图 2-22

结论：图2-22左框内，三个子都连在一起，下一步可以形成活四的三，我们称为活三。

图2-22右框内，三个子中间有一个空格，好似从活四中间拿走一个棋子的三，我们称为跳三。

（二）眠三

眠三是再加上一子，可以形成冲四但不能形成活四的三（图2-23~图2-27）。眠三的种类很多，也有连和跳之分，同时还有一种特殊的眠三，即三枚子相隔但能够形成冲四的三。

当形成活三的时候，如果不进行防守，那么活三自然就可以发展成活四，活四意味着有两种方法可以形成连五。所以在对方为活三的时候，我们必须去阻挡。当我们防守了一枚棋子后，活三就转变为眠三了，眠三只能形成冲四，却无法直接获得胜利。

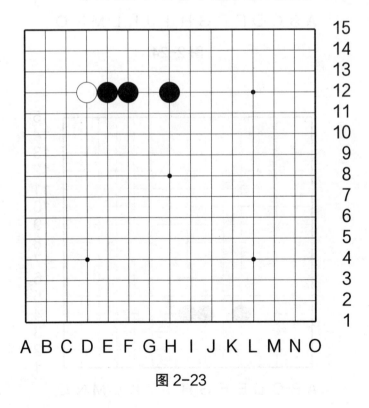

图2-23

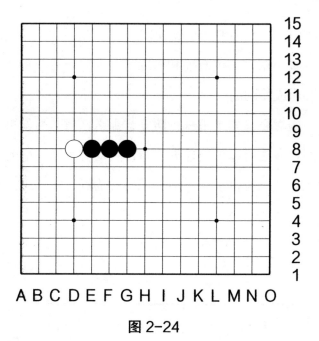

图 2-24

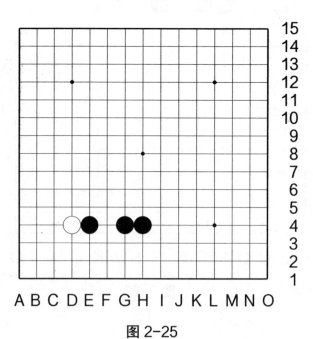

图 2-25

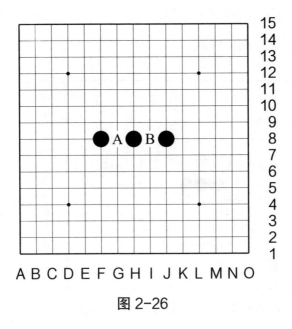

图 2-26

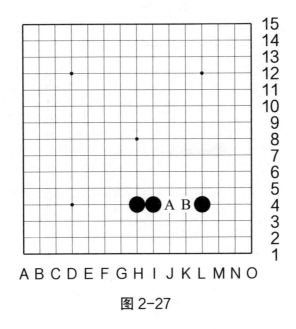

图 2-27

结论：图2-23~图2-25，这三组黑子的形状都是眠三。

图2-26、图2-27是两个特定的形状，下一步都可以在 A 点或 B 点形成冲四，所以这些形状也是眠三。

说到这里了，让我们看下一个图。

在图2-28中，黑方如何冲四？

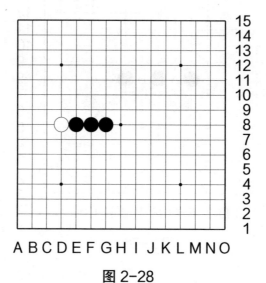

图 2-28

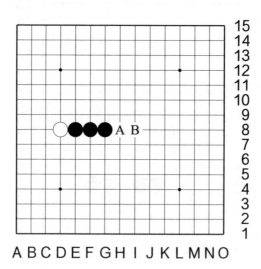

图 2-29

如图2-29所示，大家往往都知道在 A 点可以形成冲四，但会忽略在 B 点也可以形成冲四。尤其是初学者，如果对方把棋下在了 B 点，你不进行防守的话，对方就会继续下在 A 点获取胜利。

由此可见，每个眠三都具备两个可以直接形成冲四的点。

（三）死三

如图2-30～图2-33所示，同色子在同一条线上，不可能形成五的三子，称为死三。

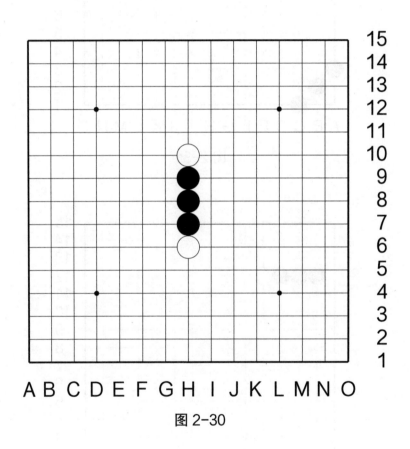

图2-30

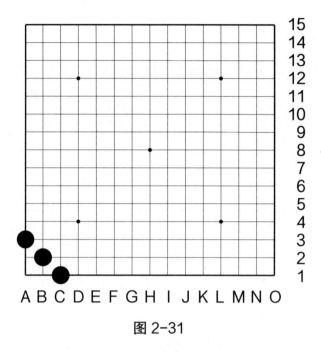

图 2-31

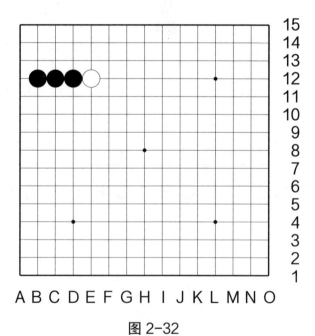

图 2-32

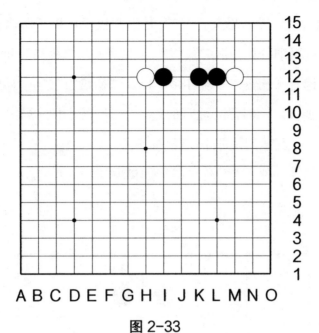

图 2-33

四、关于二枚棋子

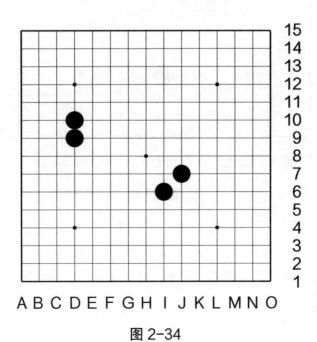

图 2-34

如图2-34所示，顾名思义，"二"是由两枚同色棋子所构成的棋形。五子棋中的"二"，可以细分为"活二"、"眠二"、"死二"、"跳二"和"大跳二"。

五子棋棋谚有"初盘二多胜亦多"以及"初盘争二、中局抢三"之说，可见"二"的重要性。同时需要注意的是，"二"也并非只局限于开局阶段，作为最基础的棋形，其运用是非常广泛的。

下面，我们看一种不能算作"二"的棋形。

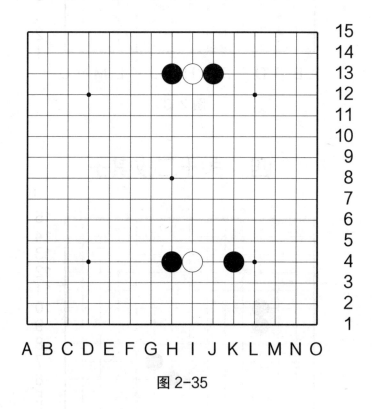

图 2-35

如果对方防守的棋子落在了"跳活二"的中间，像图2-35所展示的上、下两组棋形，就不能算是"二"了，因为中间被切断了。请读者朋友加以注意。

（一）活二

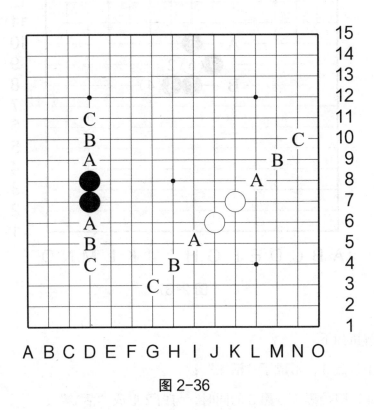

图 2-36

如图2-36所示，黑棋两子和白棋两子的棋形都是"活二"。

接下来：

①黑棋或白棋走到A点，可以形成"活三"的先手；

②黑棋或白棋走到B点，可以形成"跳三"的先手；

③黑棋或白棋走到C点，这虽然不是直接的先手，但是将来可以再走A点或B点，形成"冲四"的绝对先手。

下面来解析图2-37中的这局棋，我们会发现对弈双方都是围绕"二"来进行的。

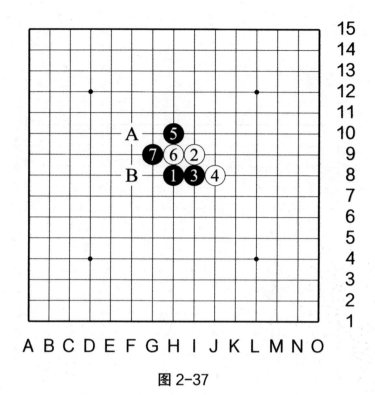

图 2-37

具体解析如下。

①黑1、黑3，形成了"活二"；

②白4，阻挡黑1、黑3的同时，与白2形成"活二"；

③黑5，防守白棋活二的时候，与黑1形成"跳二"；

④白6，分断黑棋跳二，并与白2形成"活二"；

⑤黑7，阻挡白棋，同时形成了自己的两个"活二"，此后黑棋往A点和B点两个方向发展可以形成活三的先手。

结论："活二"的先手棋形容易形成，变化较多，运用广泛。

（二）眠二

如图2-38所示，黑棋两子相连，一端已被白棋挡住，黑棋将来只能在A点、B点或C点上发展。这样的"二"，不如活二变化多，称为"眠二"。

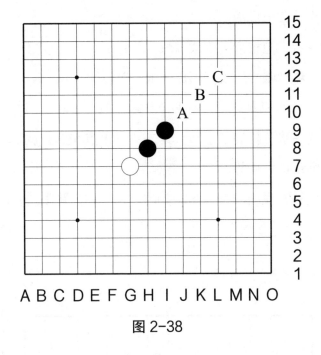

图 2-38

下面，我们来解析图2-39中的这局棋，体会一下"眠二"在实战中的用处。

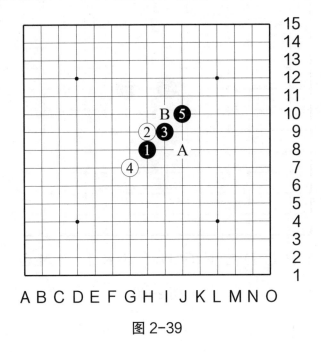

图 2-39

具体解析如下。

①黑1、黑3，形成活二；

②白4防守后，黑棋活二变成"眠二"；

③这时黑5将"眠二"展开形成"眠三"。

结论：黑5这步棋是好棋，有两个作用。其一，将"眠二"展开形成"眠三"，这是关键一步，拓展了空间。其二，与A点和B点构成了更多活二的好点，未来可以继续扩大优势。

需要在这里补充说明的是，图2-40的"二"称为跳眠二，图2-41的"二"称为大跳眠二。

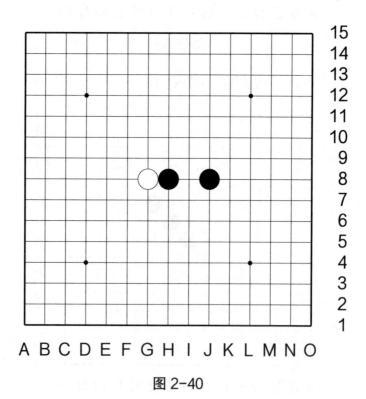

图2-40

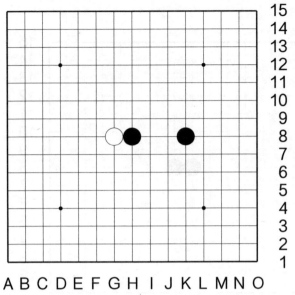

图 2-41

（三）死二

横线、竖线和斜线的二，都没有办法进一步形成直接先手，即以后不可能形成冲四。这类的二（图2-42～图2-45）称为"死二"。

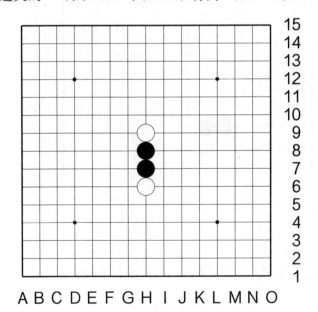

图 2-42

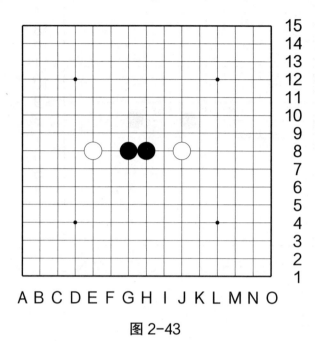

图 2-43

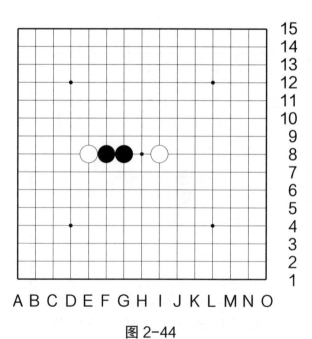

图 2-44

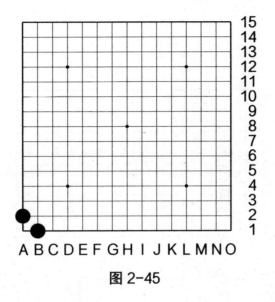

图 2-45

结论：并不是说"死二"就没有任何价值，每枚棋子在棋盘上都是有生命力的，需要根据情况选择恰当的后续手段使之发挥作用。尤其对初学者来说，要对不好的"二"有足够的关注，尽管运用起来比活二和眠二确实要难一些。

（四）跳二

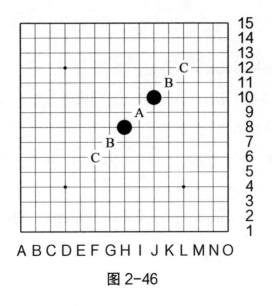

图 2-46

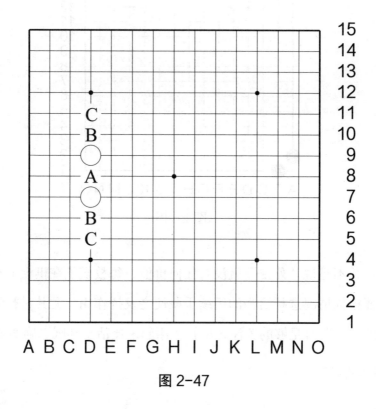

图 2-47

图2-46和图2-47展现的棋形称为"跳二"。

此后,黑、白分别可以走 A 位和 B 位形成活三先手;或者走 C 位,将来还可以在 A 位和 B 位形成冲四的先手。

结论:跳二在空间上较活二更开阔,这是跳二的棋形特点,请读者朋友牢记。

下面,我们欣赏一则简短开局,从中可以看到跳二的运用。

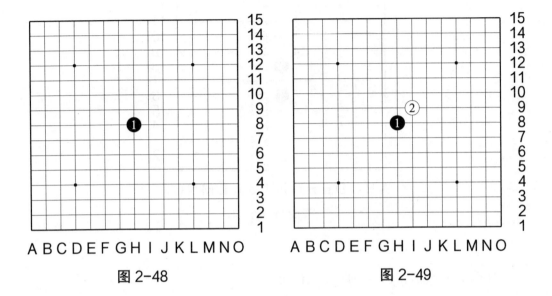

图 2-48

图 2-49

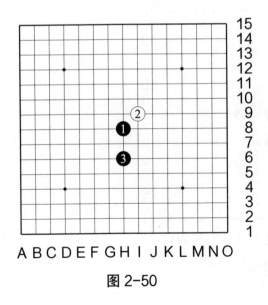

图 2-50

如图2-48~图2-50所示,至黑3成跳二。

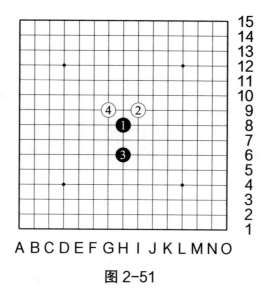

图 2-51

如图2-51所示,白4以跳二进行防守。

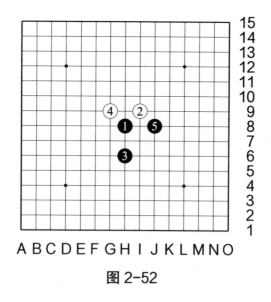

图 2-52

如图2-52所示,黑5继续采用跳二构成好形,是关键一着。

请读者朋友反复体会,能够得到认识上的提高。

(五)大跳二

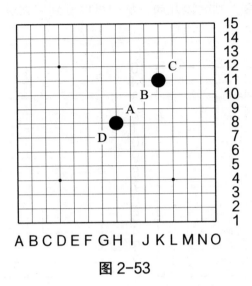

图 2-53

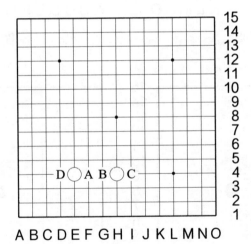

图 2-54

图2-53和图2-54的棋形称为"大跳二"。

此后,黑、白分别可以走 A 位和 B 位形成活三的先手;或者走 C 位和 D 位,将来还可在 A 位和 B 位形成冲四的绝对先手。

结论:大跳二在实战中运用较少,主要是子力联系较活二和跳二相对松散,且对空间上的要求也更高些。

空间的大小对于棋形和子力的发挥起着决定性的作用。

下面，我们欣赏一则简短开局，从中可以看到"大跳二"的下法。

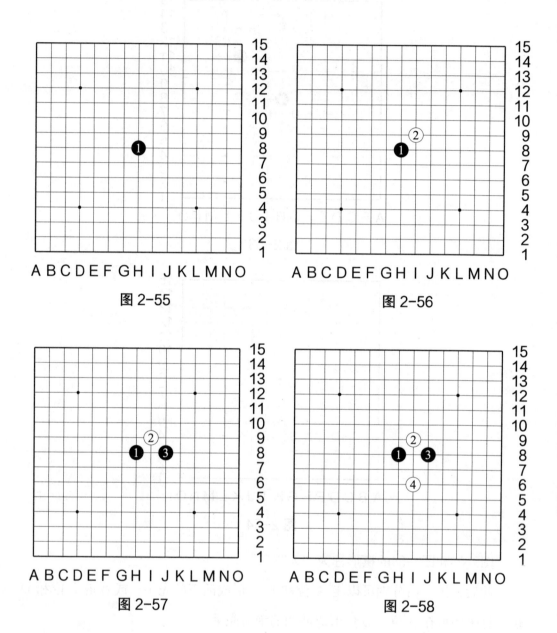

如图2-55～图2-58所示，至白4大跳二的下法十分有趣。

五、关于一枚棋子

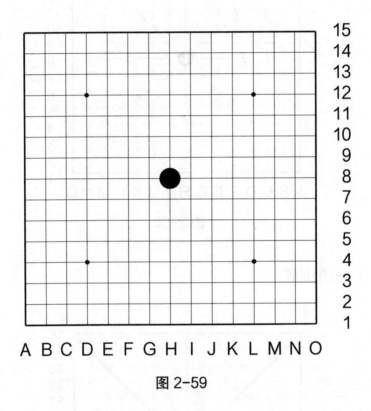

图 2-59

下五子棋想要获取胜利,就需要五枚棋子。有四才能有五,有三才能有四,有二才能有三,有一才能有二!

老子《道德经》中讲,"道生一,一生二,二生三,三生万物"!

可见"一"(图2-59)的重要性。

(一)一的方向

如图2-60所示,虽然只有一枚棋子,但却有无穷的力量!在H8(天元)的位置上,这枚子有8个方向的连接。因此五子棋棋手要有眼观八路的能力。

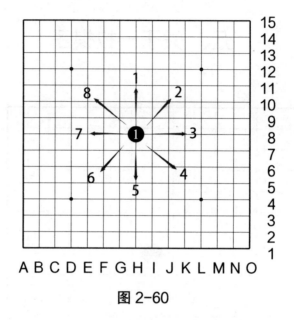

图 2-60

(二) 一的位置

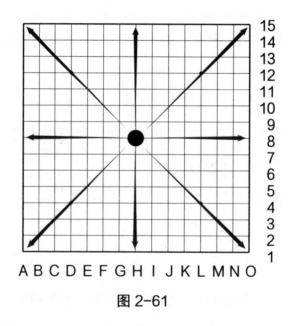

图 2-61

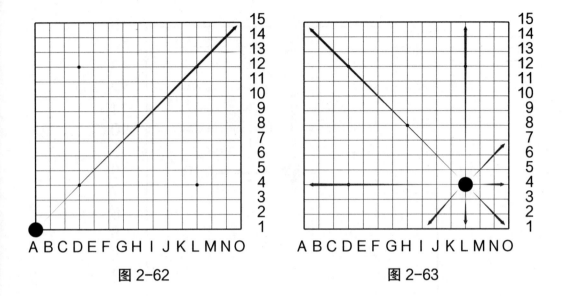

图 2-62　　　　　　　　　　　图 2-63

结论：处在中心位置的棋子，如图2-61所示，其向外发展的空间从8个方向来说都有7个格，就整体而言，具有广阔的发展前景。

而处在边角甚至边线的棋子，如图2-62、图2-63所示，无疑是自己束缚住自己，发展空间失衡，发展方向受到限制。

五子棋由对弈双方分别执黑、白轮流落子，一方面尽量使自己先在某一条直线上或者斜线上形成连五，另一方面尽量阻挠对方，使得自己先于对方形成连五。行棋时，要给自己一定的空间才能更好地连。子力就是棋盘上每枚棋子在局面中的效率以及发挥出的作用。子力与棋形是紧密关联的，好的棋形往往也更能够发挥出棋子的效用，反之，不好的棋形往往棋子效用也是低下的。

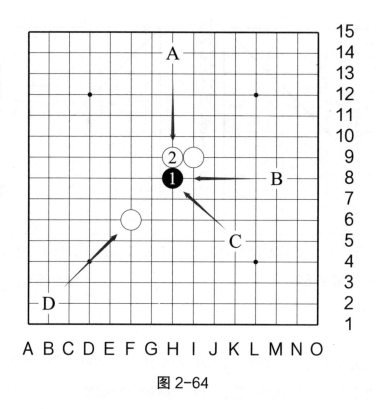

图 2-64

因为己方下过的点，对方不能重复落子，这就使得我们可以通过选点落子来打乱对方的棋形或者拦截对方的攻势。图2-64只是一个实战中不可能出现的示意图，从中我们可以看出黑、白双方互相落子后的棋子发展方向。

①黑1，往A方向，将成为"眠一"（能形成眠二的一）；

②黑1，往B方向、C方向，将成为"活一"（能形成活二的一）；

③黑1，往D方向，将成为"死一"（不可能形成连五的一）。

结论：在观察局面、分析局面时，先要理清盘面棋子关系，看清盘面形势，才能对局面做出客观的判断。

六、形象意会棋形

在形象意会棋形中，我们会看到四种棋形，分别是八卦形、八卦阵、角形和卦形。

（一）八卦形

八卦形，也称"马步"，即同色相邻两子成马步（日字对角，同象棋中"马"的走法）的棋形（图2-65）。

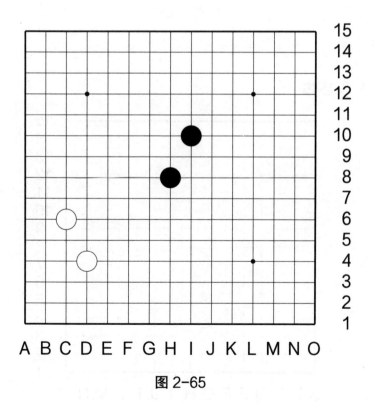

图2-65

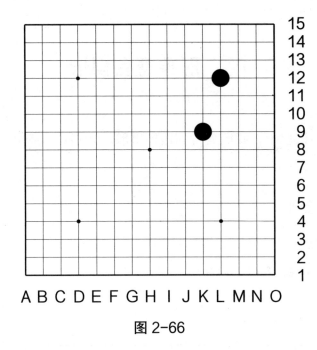

图 2-66

如图2-66所示,称为"大八卦"。

(二)八卦阵

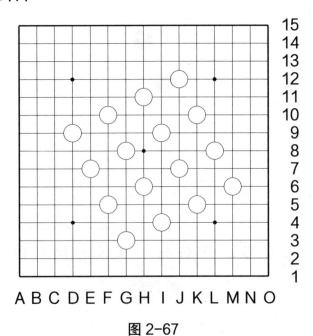

图 2-67

如图2-67所示，多个八卦形可以组合为一个"八卦阵"。八卦阵表面显得很零散，好像互不相关，但在不知不觉中，所有的子却构成一张有机的网，其公正有序、稳而不乱、形柔内刚。被八卦阵所包围的对方的子都是死子，而防守时每个子都是活子。每个子似乎都能马上和其他子连起来，等到对方发现情况不妙时，已经被一张大网牢牢"罩"住而无法脱身。

八卦之意在于封死对方所有的攻势。布八卦阵的关键不是形，而是意，意在对方有效进攻之前，预先封住对方的攻势。

结论："八卦形"是最佳防守。"八卦阵"是以守代攻。

（三）角形

五子棋棋谚有"成角易攻"之说，可见角形作为基础棋形在进攻中的重要性。

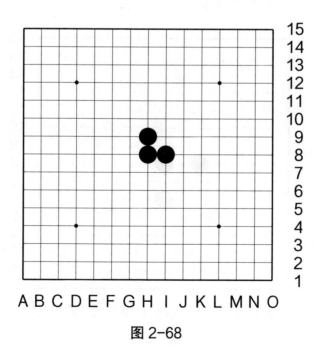

图 2-68

如图2-68所示，称为"团角"。

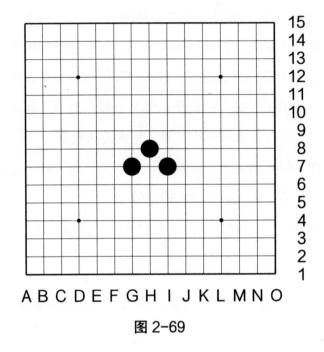

图 2-69

如图2-69所示,称为"平角"。

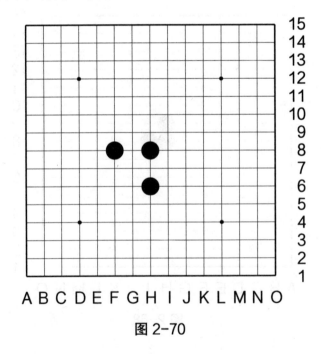

图 2-70

如图2-70所示,称为"间角"。

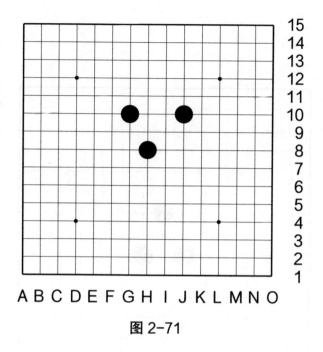

图 2-71

如图2-71所示,称为"卦间角"。

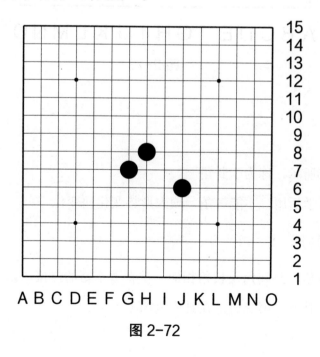

图 2-72

如图2-72所示,称为"长角"。

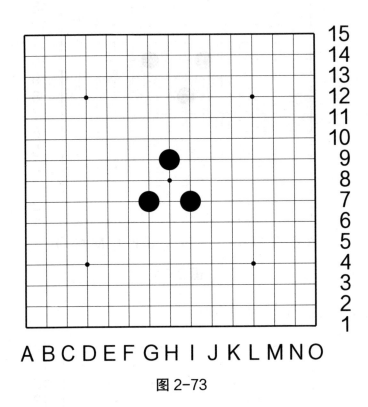

图 2-73

如图2-73所示,称为"卦角"。

结论:活学活用,不能教条,须因形势变化而变化。

(四)卦形

卦形与卦角、卦间角及长角相似,孕育着丰富的连接。以下将看到两组局面,第一组是卦形,第二组是在卦形上加1子。

第二章 基本棋形

第一组（图2-74~图2-80）：

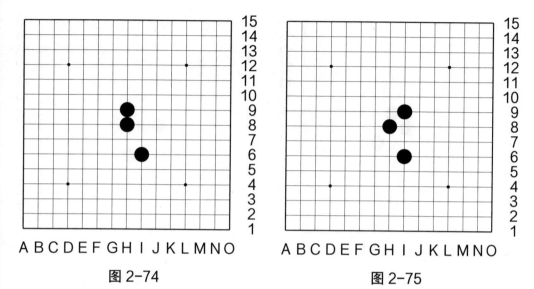

图 2-74

图 2-75

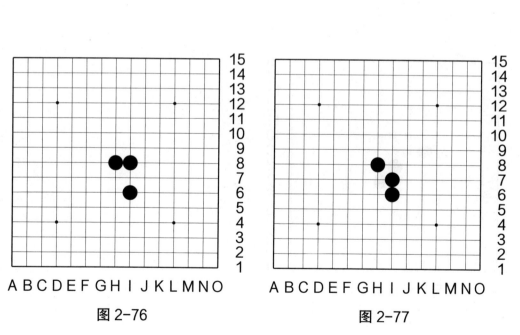

图 2-76

图 2-77

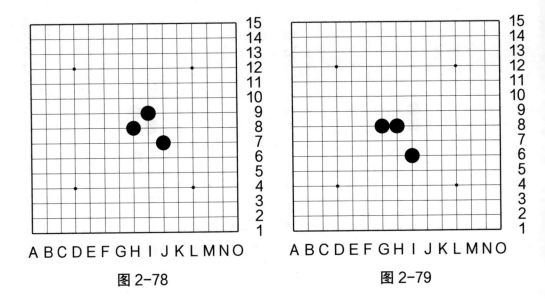

图 2-78

图 2-79

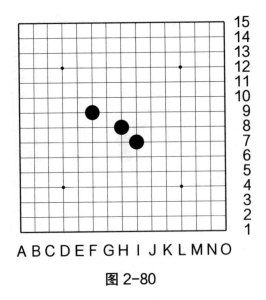

图 2-80

第二组（图2-81~图2-87）：

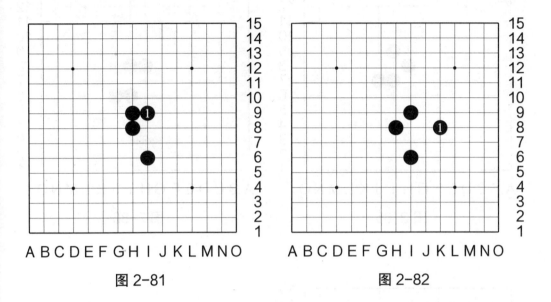

图 2-81

图 2-82

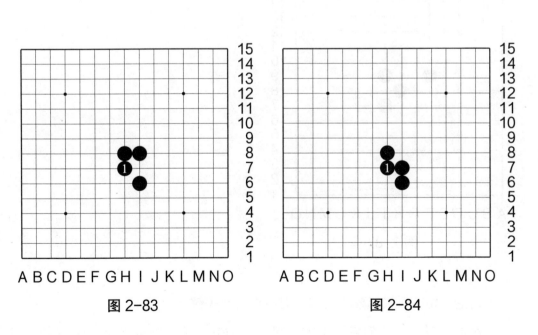

图 2-83

图 2-84

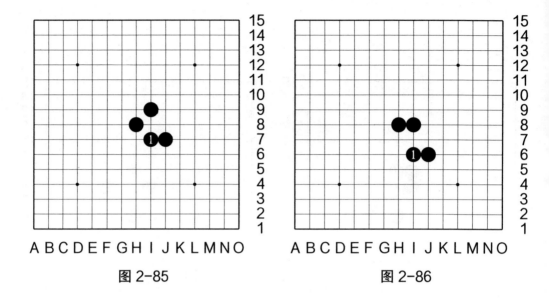

图 2-85

图 2-86

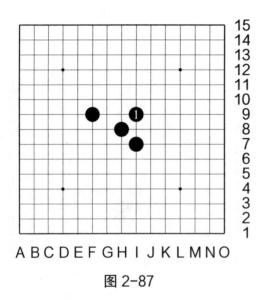

图 2-87

结论：如何将棋形融入实战，有机结合是关键。

在本节最后，我们看一下五子棋初盘前五六手的常见变化（图2-88~图2-103）。

第二章 基本棋形

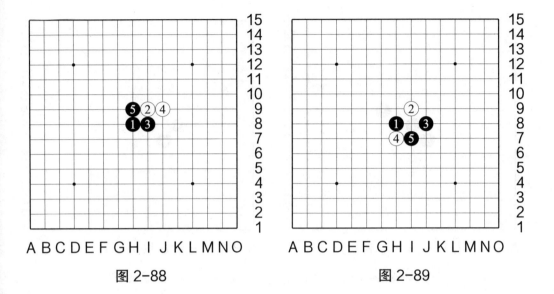

图 2-88

图 2-89

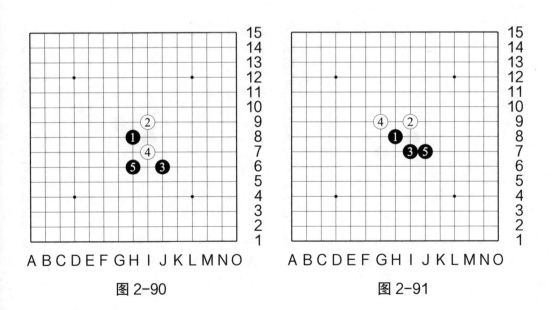

图 2-90

图 2-91

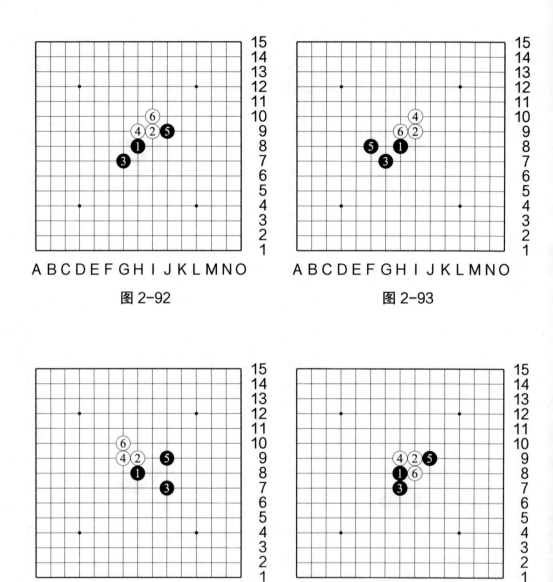

图 2-92

图 2-93

图 2-94

图 2-95

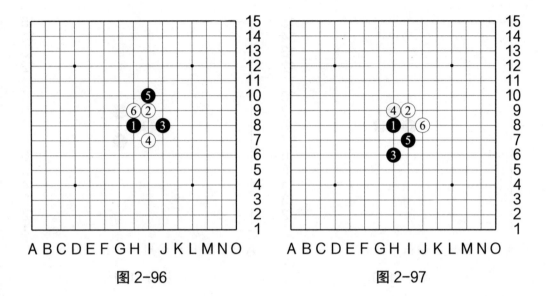

图 2-96　　　　　　　　　图 2-97

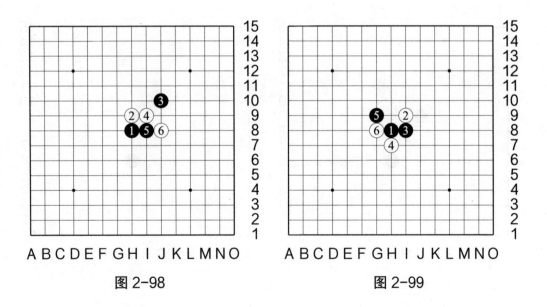

图 2-98　　　　　　　　　图 2-99

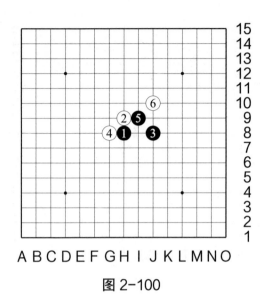

图 2-100

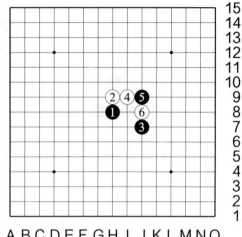

图 2-101

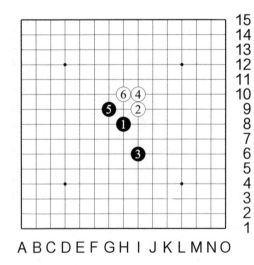

图 2-102

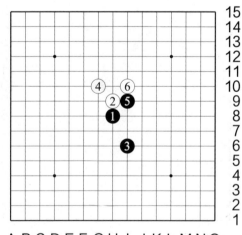

图 2-103

七、练习题

问题

以下八个局面（图2-104～图2-111）均为黑方先走。每个局面12.5分，共计100分。

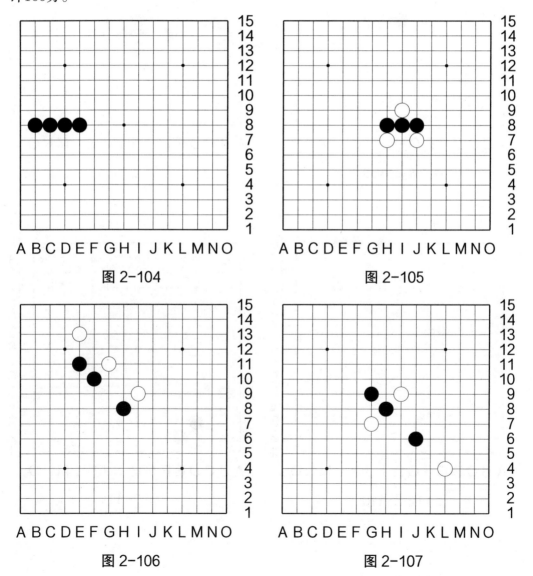

图 2-104

图 2-105

图 2-106

图 2-107

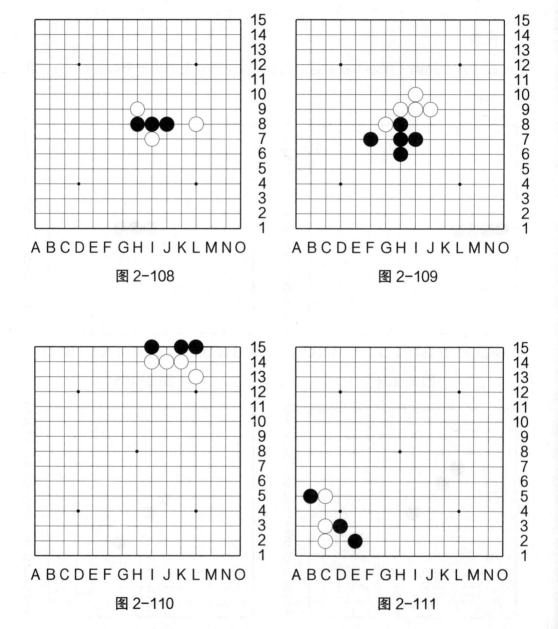

图 2-108

图 2-109

图 2-110

图 2-111

答案

图中，黑子落在A点（或B点），即可获胜。

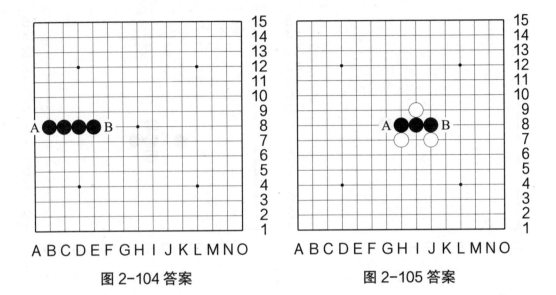

图 2-104 答案

图 2-105 答案

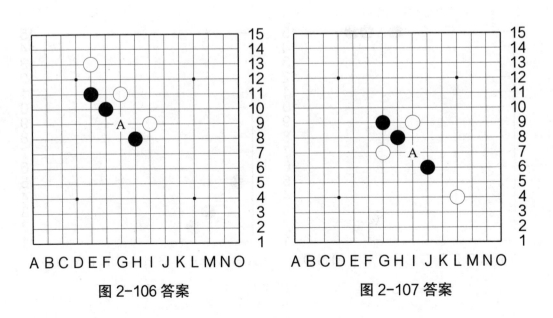

图 2-106 答案

图 2-107 答案

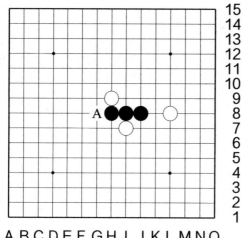

图 2-108 答案

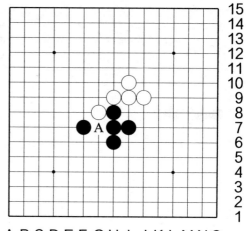

图 2-109 答案

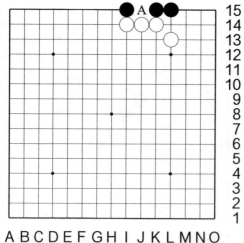

图 2-110 答案

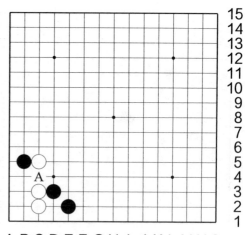

图 2-111 答案

第三章 基本技巧

一、四四

我们已经知道,先走出活四的一方是肯定可以获得胜利的。除活四外,还有本节要说的四四。四四是指落下一枚棋子,可以同时形成两个四,且这两个四的下一步都可以形成连五。

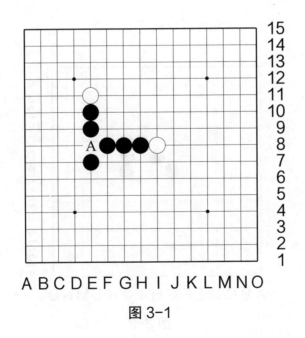

图 3-1

如图3-1所示,当黑方落子在 A 点的时候,就形成了两个冲四。黑子所下的 A 点就是四四点。

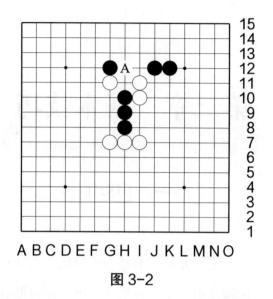

图 3-2

如图 3-2 所示，同样当黑方落子在 A 点的时候，就形成了两个冲四。黑子所落的 A 点就是四四点。

结论：两个四的下一步都可以形成连五获胜。

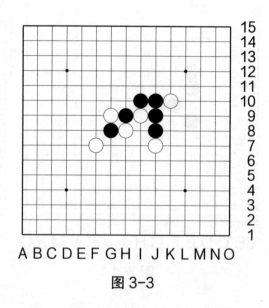

图 3-3

如图 3-3 所示，轮到黑方行棋。黑棋虽然不能直接产生活四，但是有两个眠三：分别是一条斜的 G8-H9-I10 和一条直的 J8-J9-J10。

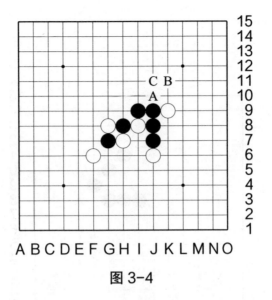

图 3-4

如图3-4所示,两个眠三有一个共同的冲四点 A,当黑棋下在 A 点后,有两条五连,白棋无法同时挡住两个点(B 点和 C 点),黑棋肯定就获胜了。我们把这样的一下子同时形成两个冲四的棋形叫作"四四",也称"双四"。

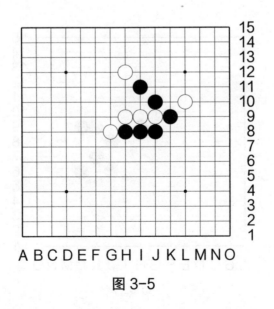

图 3-5

如图3-5所示,轮到黑方行棋。经过观察盘面后,发现黑棋有一条斜的眠三(I11-J10-K9)和一条直的眠三(H8-I8-J8)。如图3-6所示,两个眠三有

77

共同的冲四点：A 点。

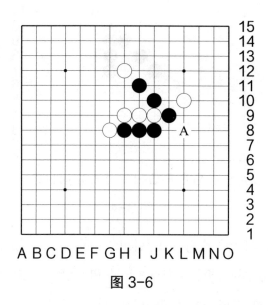

图 3-6

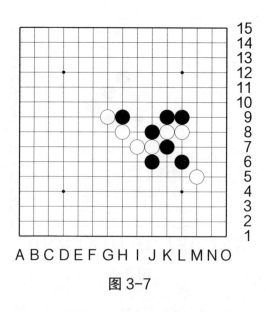

图 3-7

如图3-7所示，轮到黑方行棋，黑棋该怎么下呢？

如图3-8所示,仔细分析后,当黑子落在 A 点,可以形成两个冲四。如图3-9所示,白棋无法同时挡住两个点(B点和C点),黑胜了。

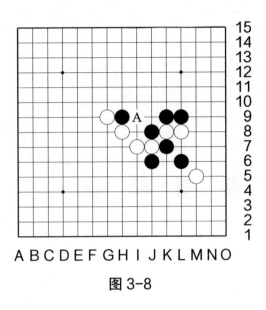

图 3-8

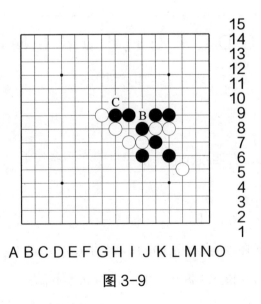

图 3-9

结论:"四四"是必胜的棋形之一。

下面，我们介绍两个特别形状的四四——扁担形的四四。

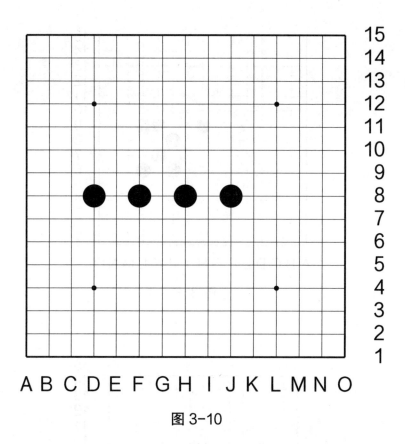

图 3-10

如图3-10所示，有四枚相隔一格的棋子在一条线上，此时，如果继续下黑棋，你会下到哪里？

具体分析如下（图3-11）。

①黑棋直接下在 A 点是正确的，因为黑方形成了左、右两个方向的冲四——D8-F8-G8-H8和F8-G8-H8-J8，白棋防不胜防。

②黑棋如果下在 B 点或 C 点，对白棋来说，简单一着下在 A 点上，黑棋被分割后就无法形成有效的连接了。

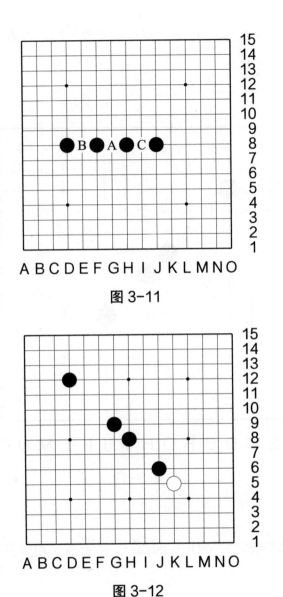

图 3-11

图 3-12

再来看图3-12，有四枚相隔一格和两格的棋子在一条斜线上，此时，如果继续下黑棋，你会下到哪里？

具体分析如下（图3-13）。

①黑棋直接下在 A 点是正确的，因为黑方形成了上、下两个方向的冲四——D12-F10-G9-H8和F10-G9-H8-J6，白棋防不胜防。

②黑棋如果下在 B 点或 C 点，对白棋来说，简单一着下在 A 点上，黑棋就被轻松分割而后续乏力。

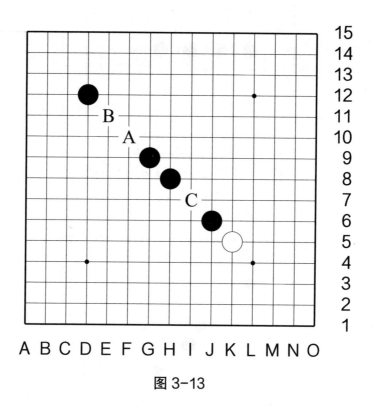

图 3-13

结论：在对局过程中，要形成四四，一般都需要相对多的棋子。

二、四三

四三是落下一枚棋子，形成一个下一步可以连五的四，同时还能形成另外一个活三。

第三章 基本技巧

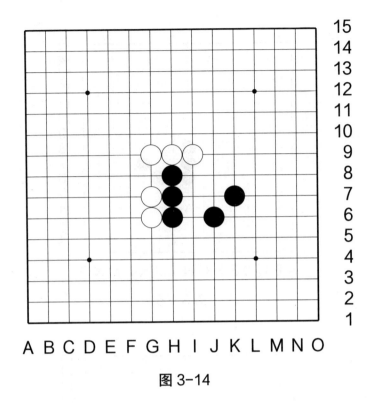

图 3-14

如图3-14所示，轮到了黑方行棋。盘面上，黑方有一个眠三和一个活二，白棋则有两个活三，并且白棋可以直接形成活四取胜，危急关头，黑棋应该如何应对？

我们知道想要取胜，就要进攻，想要进攻，就要有直接进攻的手段。而黑方现在就具备了直接进攻的手段，黑棋有一个眠三，还有一个活二，黑棋只要勇敢地进行冲四就能比白棋的两个活三更快。但不是简单地进行冲四，要选好冲四的点，才能与斜着的活二完美配合。那这个点，在哪里呢？

用一个有趣的办法，我们在图3-14中，将黑方的眠三（H6-H7-H8）用直线延长出来，将黑方的活二（J6-K7）用斜线延长出来，那么，延长出来的直线与斜线的交汇点，就是四三点。

如图3-15所示，下一步黑子落在四三点即 A 点上，就会赢得胜利。

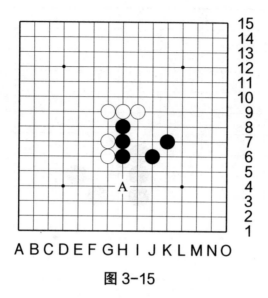

图 3-15

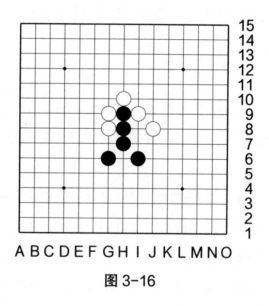

图 3-16

如图3-16所示,轮到黑方行棋。观察白棋有活二也有活三,黑棋有一个眠三(H7-H8-H9)和两个活二(G6-I6横活二和G6-H7斜活二),具备了直接进攻的条件。

如图3-17所示,黑1抢先在H6点进行冲四后,白棋只能在 A 点挡。黑 1 是一着两用,不但能冲四,同时与G6和I6组建了活三。黑棋接下来一步在 B 点或 C 点成活四,这样黑棋就取得胜利了。

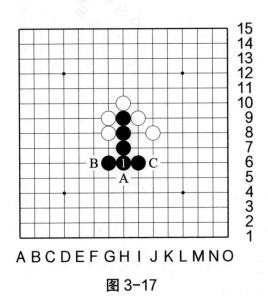

图 3-17

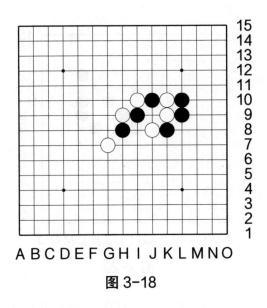

图 3-18

如图3-18所示,轮到黑方行棋,黑棋该怎样利用四三获胜呢?

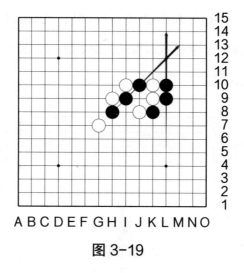

图 3-19

相比四四，四三点往往更难找到。我们用讲过的画线办法，把图中黑方的眠三（H8-I9-J10）用斜线延长出来，将黑方的活二（L9-L10）用竖线延长出来，如图3-19所示，斜线与竖线所交汇的点，就是四三点。下一步黑子落在四三点上，就会赢得胜利。

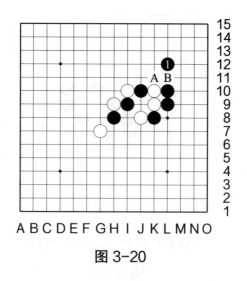

图 3-20

如图3-20所示，黑1在L12位落子，有在A点连五和在B点活四，白棋已经无力防守。

结论：同时形成一个冲四和一个活三的时候，防守一方无法共防，"四三"是必胜的棋型之一。

三、三三

一子落下后同时形成了两个活三，我们就称其为"三三"，也叫"双三"。

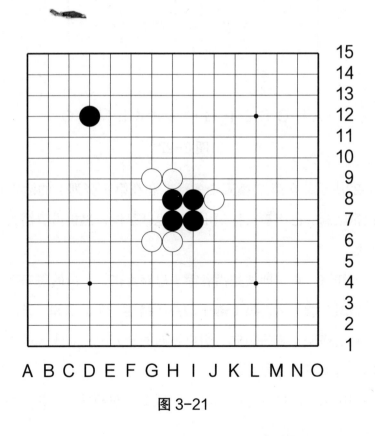

图 3-21

如图3-21所示，轮到黑方行棋，黑方如何形成三三？

先观察局面，黑方H7-H8-I7-I8紧紧相连，利用好这四枚棋子是取胜的关

五子棋入门

键。我们在脑海里，用横、竖、斜延展这四枚棋子的方向，找到不被白棋围挡的线路，胜利会向你一步步走来。

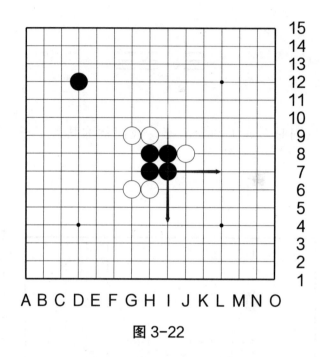

图 3-22

如图3-22所示，在第 7 横列上的活二和在第 I 竖列上的活二是充分自由的，不受白棋限制，已用箭头标识出来。也就是说，黑棋沿着箭头方向进攻，就可确保获胜。

我们还要知道一点，即使是沿着箭头思路走棋，下出的每一手棋也要发挥最高效率。如图3-23所示，黑1落在G7点，搭建一条活三和一条活二，完全正确，形成了直击横向、威胁斜向、引申纵向的全方位、立体式进攻，让白方只有招架之功，毫无还手之力。

如图3-24所示，白棋只有选择在 A 点或 B 点进行防守，黑棋续走 C 点，形成三三必胜之势，白棋落败。

试演一路：当白棋走 A 点，黑棋接走 C 点的变化。如图3-25所示，此时，面对黑棋斜向、纵向的两个三三，均可形成活四，白棋全然无法防范。

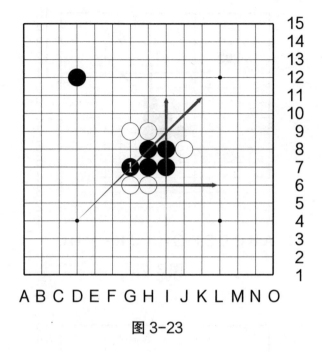

图 3-23

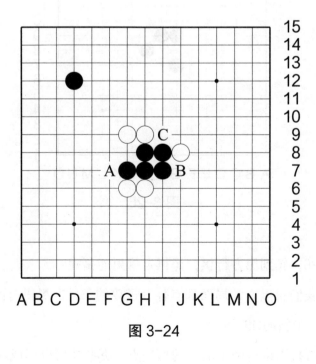

图 3-24

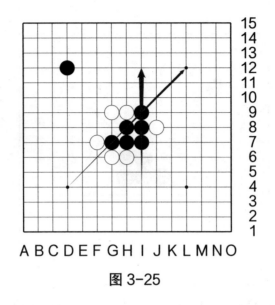

图 3-25

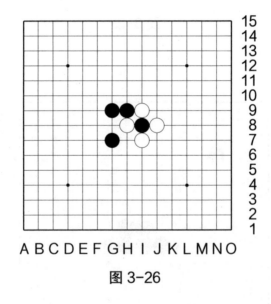

图 3-26

再看图3-26，轮到黑方行棋，黑棋走哪里能赢呢？

第一步，我们看黑方的局面都有什么进攻的条件。黑棋有两个活二：一个竖的G7-G9和一个斜的H9-I8。

第二步，再找围绕这两个活二的哪些点、哪些线可以形成活三。

第三章 基本技巧

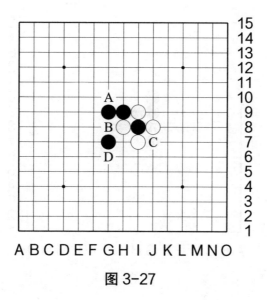

图 3-27

图3-27所示是围绕这两个活二的可以形成活三的点。

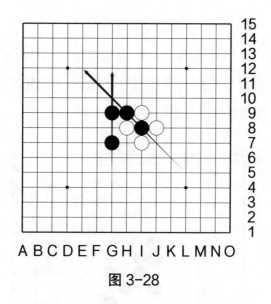

图 3-28

图3-28所示是围绕这两个活二的可以形成活三的线。

思路明确后，仔细观察图3-27和图3-28，我们会发现 A 点即G10点是两个活二的共同活三点。

那我们下在这个点上，形势会怎样呢？

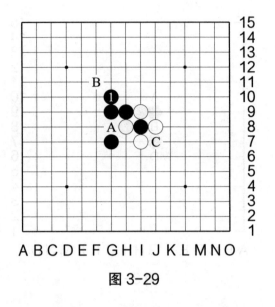

图 3-29

如图3-29所示,黑1落子后,黑棋同时有两个活三,白棋没有冲四的可能。具体分析如下。

①白如在A位挡,黑棋则可下B位或者C位,活四取胜;

②白如在B位或者C位挡,黑棋则可下A位,活四取胜。

本局棋以白棋落败告终。下面,再看一个例子。

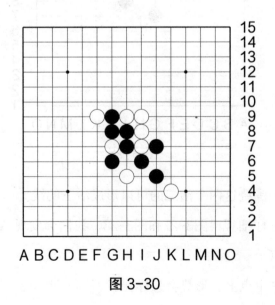

图 3-30

如图3-30所示，轮黑方走子。双方棋子虽多，但我们要看到黑棋拥有两个活二——G6-I6横向活二和J5-J7纵向活二，黑棋能获胜么？

按照我们所学的方法，找出围绕这两个活二的哪些点、哪些线可以形成活三的示意，见图3-31和图3-32。

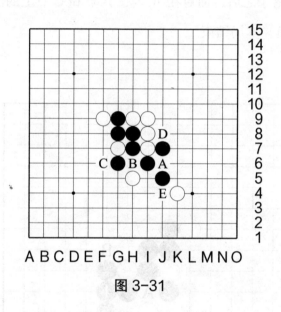

图 3-31

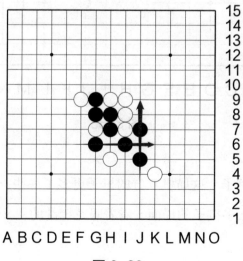

图 3-32

从图3-31和图3-32中，我们会发现，在A～E诸点中，A点（J6点）才是两个活二的共同活三点。故此，找到共同活三点，黑棋就可安心落子了。如图3-33所示，黑1落子之后，面对在A点、B点和C点上的活四，白棋无法同时防住，只能认负，本局结束。

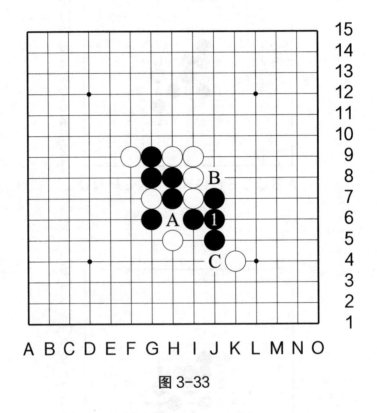

图3-33

我们再看一个例子。这局棋双方的棋子更多了一些，如图3-34所示，轮到黑方走棋。像有这么多棋子的局面，看着眼花缭乱的，又该如何着手呢？

第三章　基本技巧

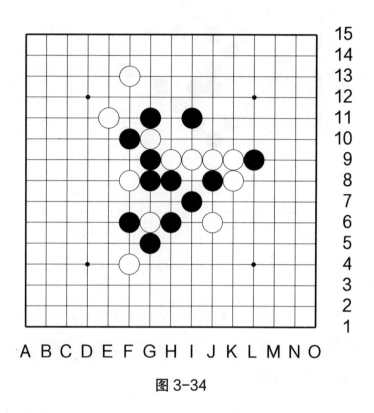

图 3-34

面对一个复杂的局面，重要的是理清思路，辨别方向。此局面下，我们要仔细看看黑棋有什么可以进攻的力量，找一找黑棋有没有"四"、有没有"三"、有没有"二"。通过仔细寻找，我们可以找到黑棋有三个活二，分别是F6-G5、F10-G11和G11-I11。这三个"活二"看似离得比较远，互不相干，实则不然，我们用画线法可以轻松找到其中两个活二的共同活三点，按线索骥，正确答案也就水落石出了。

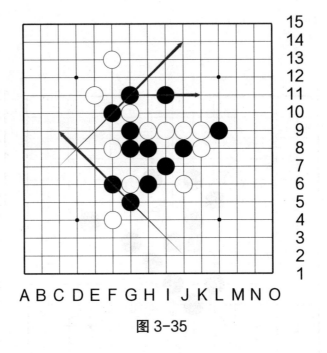

图 3-35

如图3-35所示,我们进行了画线的操作,一般来说,两条线相交汇的点,就是双方共同的那个点。图3-35中,落子在D8点就是最正确的下法,同时形成了两个三三,白方无法防范。

四、连续冲四胜

下面我们学习关于连续冲四胜的常用技巧。

所谓连续冲四胜,就是利用连续不断冲四的先手最后形成五连。连续冲四胜,其英文是"Victory of Continuous Four",缩写"VCF"。VCF可以是一步的冲四活三,也可以是很多步冲四之后的活四或者双四。

连续冲四胜(VCF)是五子棋的灵魂!我们将着重讲解,故而例题也会更多。

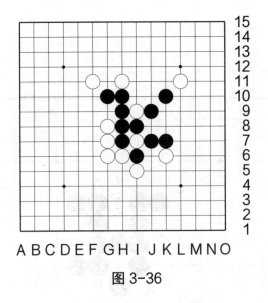

图 3-36

如图3-36所示，面对白棋的多重威胁，黑棋如果消极防守，是无效的，会输棋；黑棋只有选择进攻，利用先手，才能获得胜利。那黑棋该如何下呢？

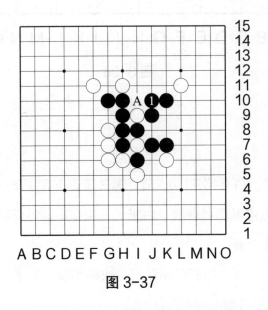

图 3-37

如图3-37所示，黑1下在J10进行冲四活三是正确的，白棋必须下在 A 点（来不及活四）。

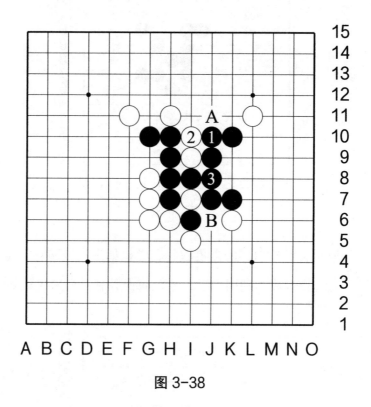

图 3-38

如图3-38所示,白２挡在I10点后,黑３接着下在了J8点,形成了活四,下一手在 A 点或 B 点连五即可获胜。白棋又一次来不及形成活四,这个时候即使拥有双活三也无济于事。

由此我们能体会到,冲四是比活三更快的手段。五子棋是先成五连的一方赢,所以可以用连续不断的冲四赢对方。

懂得灵活运用冲四是非常重要的,下面我们将继续学习应该怎样冲四、怎样连续冲四。

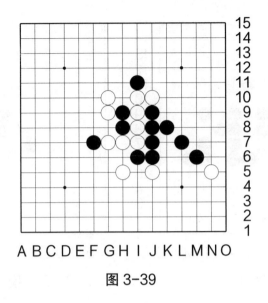

图 3-39

如图3-39所示，观察局面，白棋有双三，黑棋该如何应对？

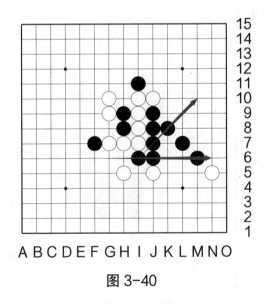

图 3-40

黑棋无法防范白棋的双三，黑棋只有寄希望于连续冲四。黑棋目前拥有两个眠三，充分发挥两个眠三的作用，是本局取胜的关键。如图3-40所示，用我们学过的画线法，将两条眠三延展出来。

这时会发现因为L7点上有配合，所以两条眠三就应该在L线上进行冲四。

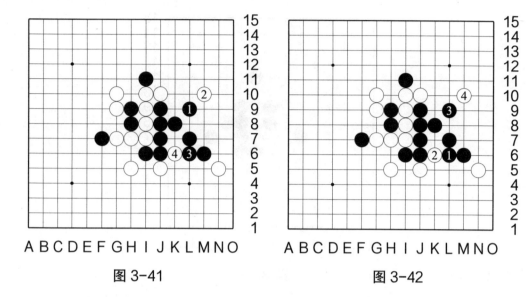

图 3-41　　　　　　　　　　　图 3-42

按照图3-41和图3-42的走法，黑棋已经冲四活三了。图3-41和图3-42都是正确的下法，只是走子次序不同而已。

下面，我们看图3-43，黑棋仅有七子，却有五个眠三，黑棋该怎样冲四取胜呢？

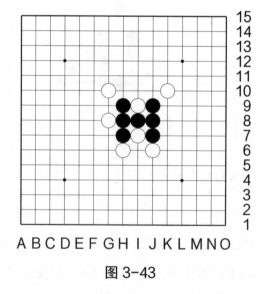

图 3-43

此时黑棋因为没有直接的四四或者四三，所以我们要先冲四，冲四也不是随意的，要配合有后续手段。

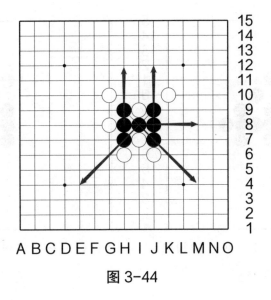

图 3-44

在图3-44中,用箭头标出了黑棋所有冲四的可能性。我们从这些可能性中,如何找到有后续配合的手段呢?

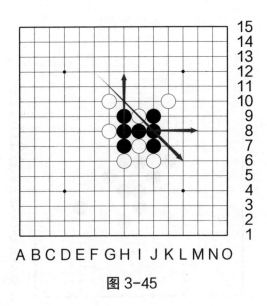

图 3-45

如图3-45所示,我们会发现因为J9点上有配合,所以应该在H11点上、K8点上进行冲四,这些是有后续配合手段的。

五子棋入门

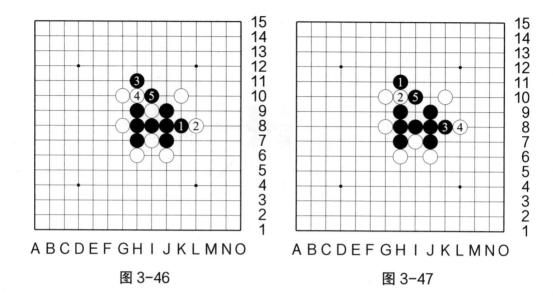

图 3-46　　　　　　　　　图 3-47

图3-46和图3-47进行了演示，黑棋已经形成活四的必胜局面了。图3-46和图3-47都是正确的下法，只是走子次序不同而已。

想要进行连续冲四胜的时候，一定要找到效率高、有配合的那个冲四点。下面，我们再看一个例子，找一找连冲胜点。

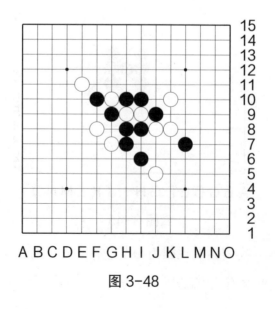

图 3-48

如图3-48所示，观察局面，黑棋现在有两个眠三，先进行一个冲四后能得到一个活二。

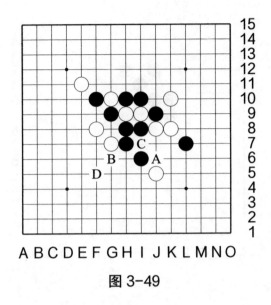

图 3-49

如图3-49所示，黑棋冲四将得到的点是 A 点、B 点、C 点和 D 点。那么，黑棋冲到哪个点会产生活二进而产生活三呢？显然可以有效配合的点是 A 点和 B 点。

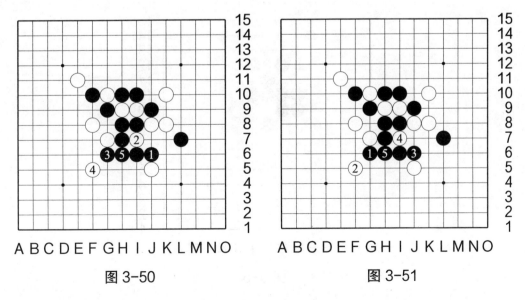

图 3-50　　　　　　　　　图 3-51

图3-50和图3-51展示了获胜的过程,最后一手黑子落在H6点上,形成了活四必胜。图3-50和图3-51都是正确的下法,只是走子次序不同而已。

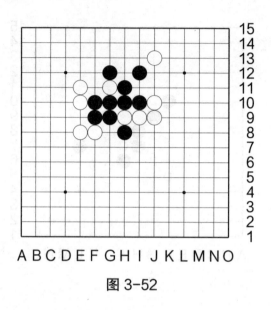

图 3-52

再看图3-52,黑棋如何取胜?

观察局面,发现黑棋有一个活二(G12-I12)可与一个眠三(G12-H11-I10)联系在一起,在这过程中能不能再找到其他子的配合?

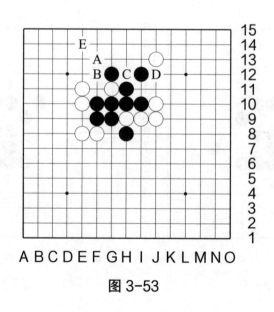

图 3-53

如图3-53所示，A点、B点、C点、D点和E点是黑棋所能进攻的点。其中，我们会看到在F线上有个眠二在等待配合。

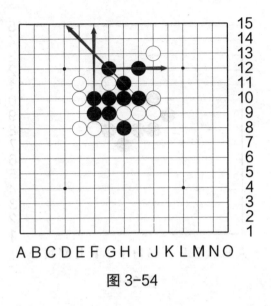

图 3-54

经过上述分析，我们已经成竹在胸，在脑中已经有了图3-54的模样。

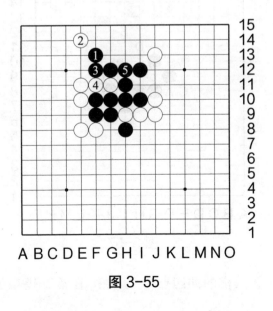

图 3-55

黑棋VCF，见图3-55。

下面，看图3-56，黑棋如何才能胜？

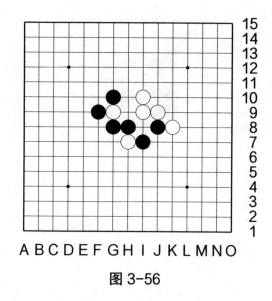

图 3-56

黑棋有一个横向的冲四（G8-H8-J8）和一个斜活二（F9-G10），如何让它们产生联系呢？

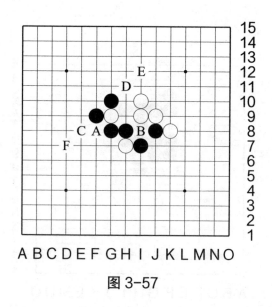

图 3-57

如图3-57所示，黑棋的冲四点为 A 点和 B 点，黑棋的活三点为 C 点、

D 点、E 点和 F 点。看似它们之间没有交点，实则不然。黑棋的这个眠三（G8-H8-J8）是一个特殊的眠三，当在 A 点冲四的时候，同时又能产生一个新的眠三（F8-G8-H8）。

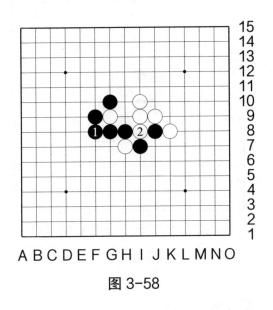

图 3-58

新的眠三（F8-G8-H8）与斜的活二（F9-G10）就可以有效配合了，见图 3-58。

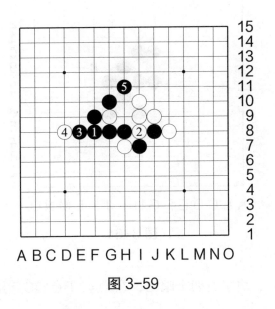

图 3-59

如图3-59所示,黑棋VCF。冲四不仅可以得到活二,也可以得到新的眠三。我们可以用冲四得到的新眠三来找与活二的联系。

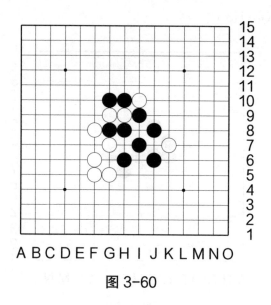

图 3-60

再看图3-60,黑棋如何才能胜?

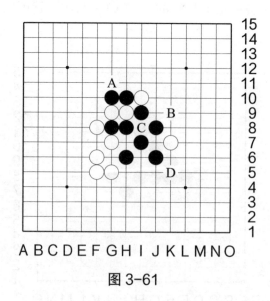

图 3-61

如图3-61所示,黑棋有四个眠三,在A点、B点、C点和D点都可以冲四,那么冲哪个点能产生新的眠三呢？

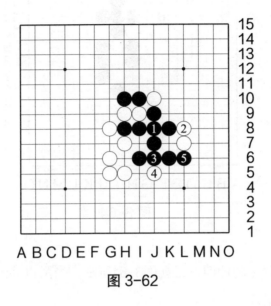

图 3-62

黑棋选择如图3-62的冲四后，终以四三胜。

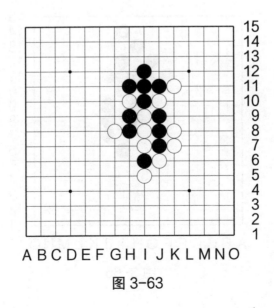

图 3-63

再看图3-63，轮到黑棋落子，白棋有活三，黑棋能否VCF？

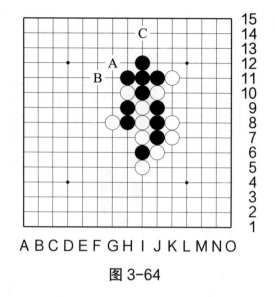

图 3-64

先找出黑棋眠三的冲四点,如图3-64所示,当黑棋冲到A点、B点和C点时,在斜线上能形成一个活三。

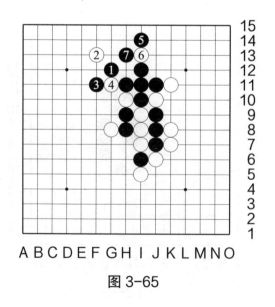

图 3-65

最终,黑棋VCF,见图3-65。

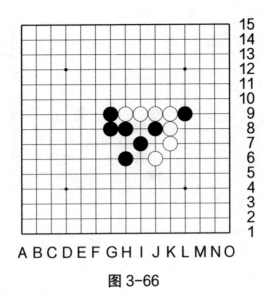

图 3-66

再看图3-66，黑棋可以VCF吗？

分析一下，白棋有活三，黑棋有三个眠三（G8-H8-J8、G9-H8-I7、J8-I7-H6），如何利用呢？我们还是先找出黑棋的冲四点。

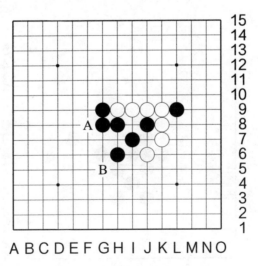

图 3-67

如图3-67所示，草草地看，并不能看出黑棋形成四三的线路。再深入一步观察，可以发现：当黑棋冲到A点和B点的时候，会产生新的配合。由此，我们可以利用这个新的配合继续冲四。

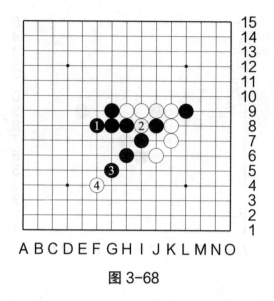

图 3-68

如图3-68所示,黑 1 和黑 3 冲四后,得到一个新的竖眠三(G5-G8-G9)和一个新的斜活二(F8-H6)。接下来,黑棋在G7点冲四,就形成四三胜了。

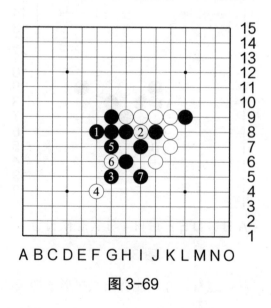

图 3-69

如图3-69所示,黑棋VCF。

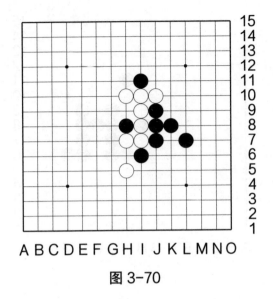

图 3-70

再看图3-70，轮到黑棋落子，能否实现VCF？我们先把黑棋的冲四点都找出来。

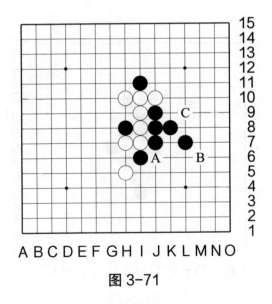

图 3-71

如图3-71所示，我们可以看到，当冲到 A 点和 B 点的时候，黑棋能得到一个横的新眠三（I6-J6-M6），当冲到 C 点的时候，黑棋能得到一个新的竖活二（L7-L9）。由此，我们可以发起进攻。

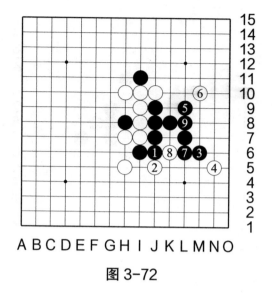

图 3-72

黑棋实现VCF，见图3-72。

再讲最后一个例子。

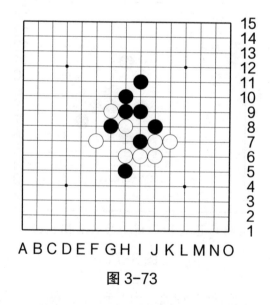

图 3-73

如图3-73，轮到黑棋落子，黑棋现有两个眠三（H10-I9-J8、I7-I9-I11），能否VCF？我们还是先把黑棋的冲四点都找出来。

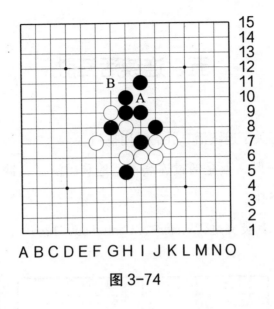

图 3-74

如图3-74所示,当黑冲到 A 点的时候,会产生两个眠三;当冲到 B 点的时候,能得到一个横的新活二。

现在我们就考虑找出新的眠三和新的活二有没有共同连接点。

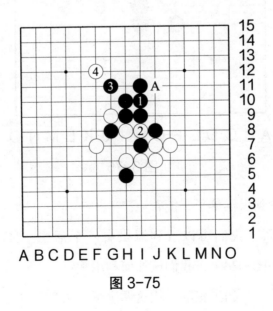

图 3-75

如图3-75所示,白4后,黑棋落子在 A 点就可以冲四活三了。

五、连续活三胜

下面我们学习关于连续活三胜的常用技巧。

所谓连续活三胜,就是通过连续不断地利用活三、冲四、做杀等攻击手段,一直到最终获胜。

连续活三胜,其英文是"Victory of Continuous Three",缩写"VCT"。

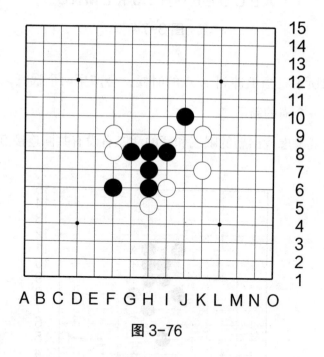

图 3-76

如图3-76,轮到黑棋落子,能否VCT?

通过观察局面,我们可以看到黑棋有一个活二(H7-I8)和两个眠三(G8-H8-I8、H6-H7-H8),我们该如何利用呢?

需要注意的是,假如黑棋随手用这两个眠三去冲四(图3-76),有如下几种情况。

①黑在J8点进攻，白则K8点挡；

②黑在K8点进攻，白则J8点挡；

③黑在H9点进攻，白则H10点挡；

④黑在H10点进攻，白则H9点挡。

这就会被白棋"反三"。五子棋谚语：己增一子，敌增一兵。反三就是，明明是自己进攻对方，可对方一挡，同时形成了活三，即这一挡是带有反击性质的。

冲四的路不通，那如果先利用活三来进攻呢？仍见图3-76，比如，黑棋下在J9点活三，白则K10点挡，黑接走J8点想四三胜，白棋则在K8点反活四。又如，黑棋下在K10点跳活三，白则J9点挡，黑接走H10点想四三胜，白棋则在H9点反活四。

以上，尝试了几种走法，都不成立。那想获胜该怎么走呢？请见图3-77～图3-79。

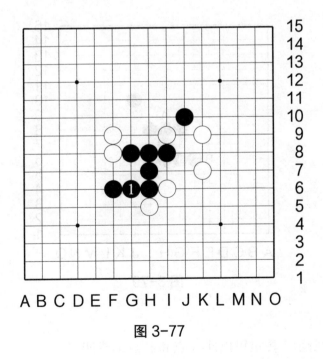

图3-77

如图3-77所示，黑1落子在G6点，看似往下方进攻，实则可以绕到上面去。

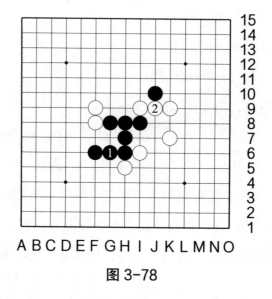

图 3-78

如图3-78所示，白2落子在J9点，反活三。

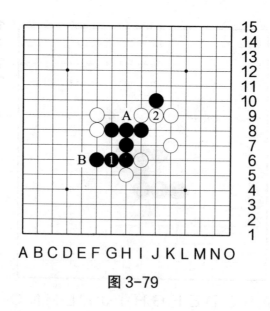

图 3-79

如图3-79所示，黑棋可以冲A点和B点形成四三。

再看一个局面。

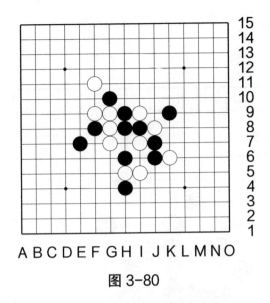

图 3-80

如图3-80，黑棋如何VCT？

通过观察局面，我们可以看到黑棋有一个活二（E7-H4）和一个眠三（H6-H8-H9），此时不论是冲四还是活三，都会被白棋反击。

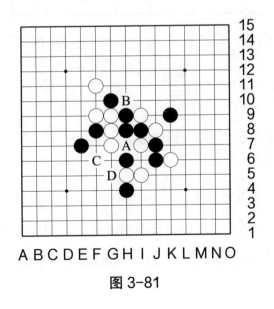

图 3-81

如图3-81所示，如果黑棋在 A 点冲四，白棋则在 B 点反三；黑棋在 B 点冲四，白棋则在 A 点反三。又如果黑棋在 C 点活三的话，白棋则在 D 点反冲四活三。黑棋当然不会选择下在D点，下D点毫无意义。

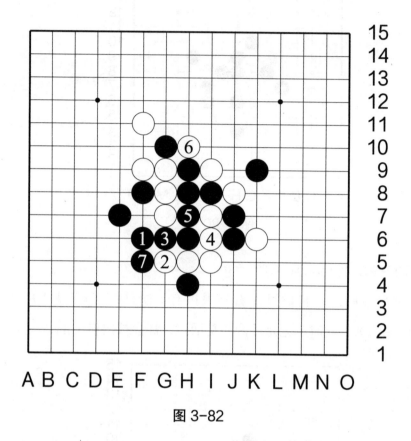

图 3-82

如图3-82所示，黑棋勇敢进攻，终于获胜。

具体分析如下。

黑1跳活三，白2反冲四。黑1活三的同时，横线上也多了一个眠三。在白2反冲四的同时，黑3挡住之后也是反冲四，白4必挡。接下来，黑5就是利用先前的竖眠三，冲四活三。此时，虽然白6能反三，但是黑7能更快一步形成活四赢棋。

六、练习题

问题

以下八个局面（图3-83～图3-90）均为黑方先走。每个局面12.5分，共计100分。

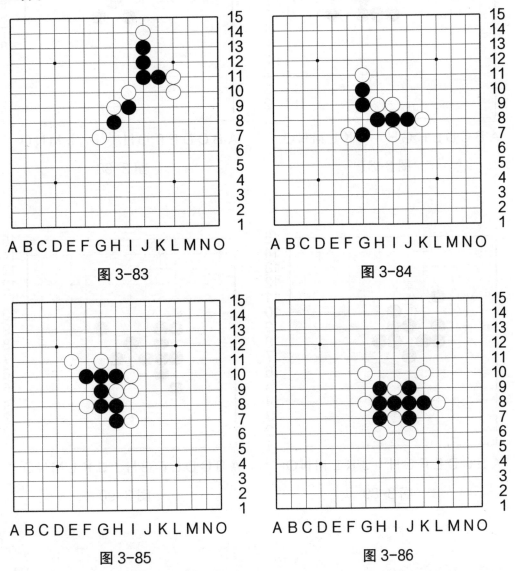

图 3-83

图 3-84

图 3-85

图 3-86

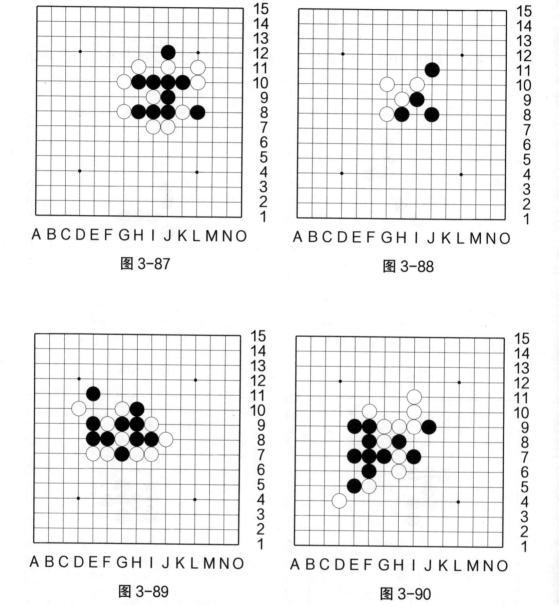

图 3-87

图 3-88

图 3-89

图 3-90

答案

图中，黑子落在 A 点、B 点，即可获胜。

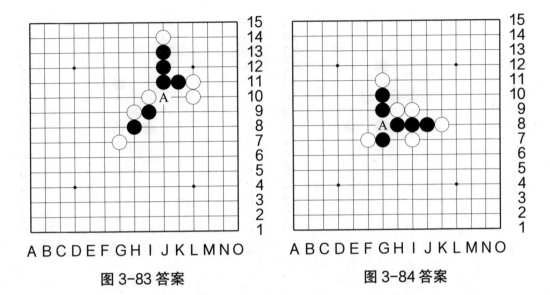

图 3-83 答案　　　　图 3-84 答案

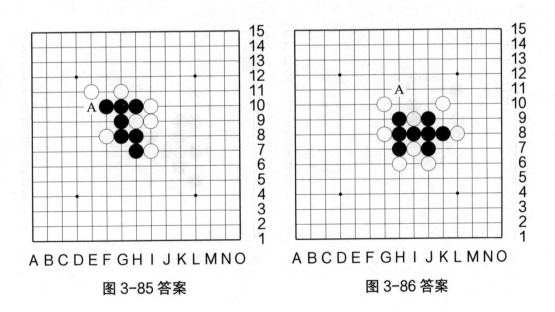

图 3-85 答案　　　　图 3-86 答案

五子棋入门

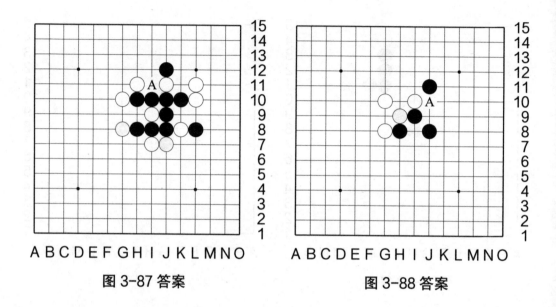

图 3-87 答案

图 3-88 答案

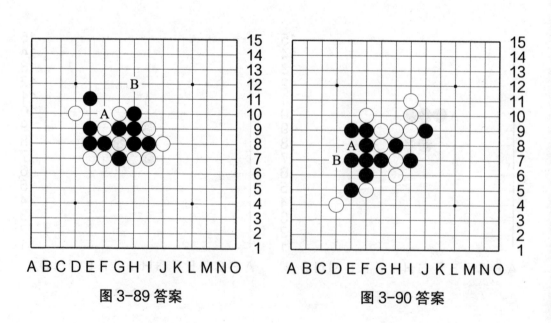

图 3-89 答案

图 3-90 答案

第四章 综合训练100题

问题

以下各题（图4-1～图4-100）均为黑方先行。每题1分，共计100分。

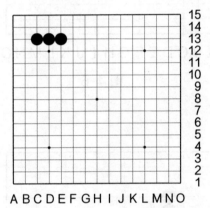

图 4-1

图 4-2

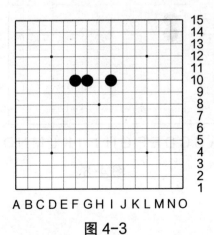

图 4-3

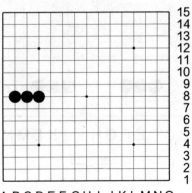

图 4-4

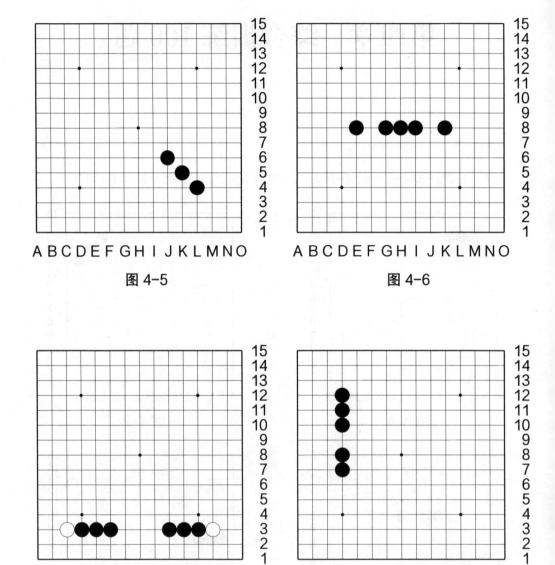

图 4-5

图 4-6

图 4-7

图 4-8

第四章 综合训练100题

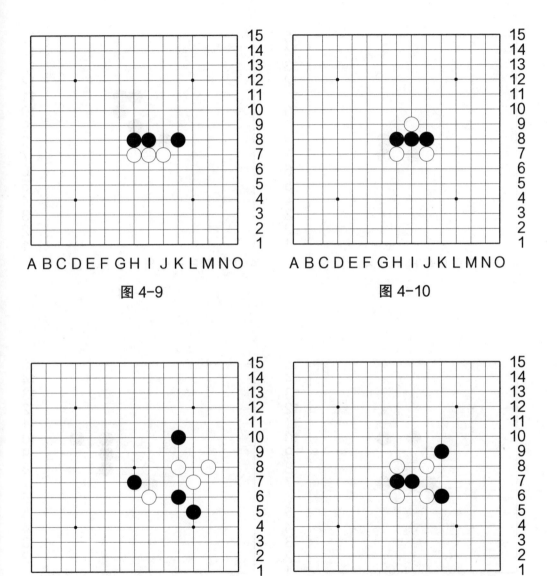

图 4-9

图 4-10

图 4-11

图 4-12

127

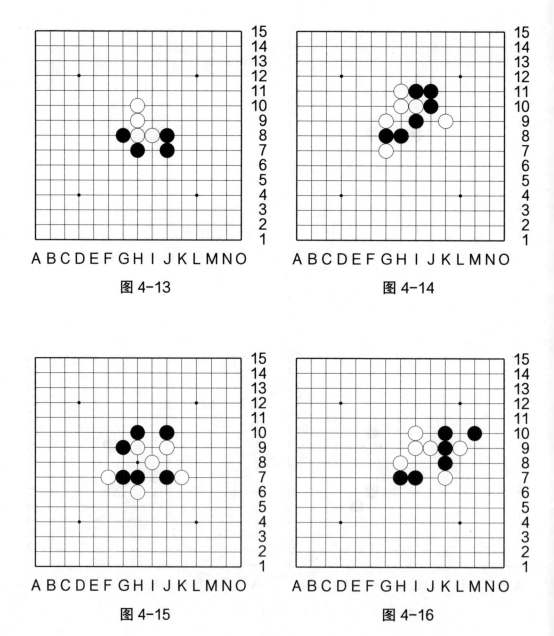

图 4-13

图 4-14

图 4-15

图 4-16

第四章 综合训练100题

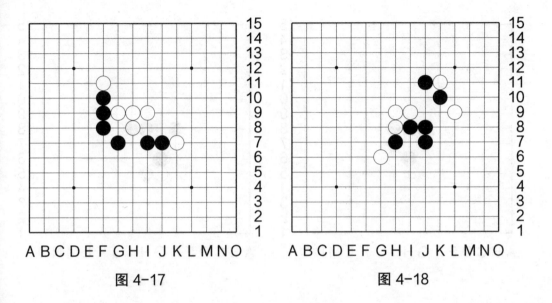

图 4-17

图 4-18

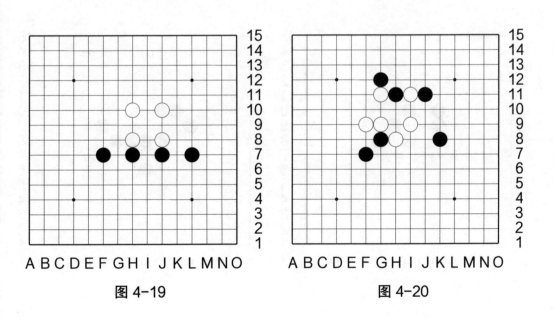

图 4-19

图 4-20

129

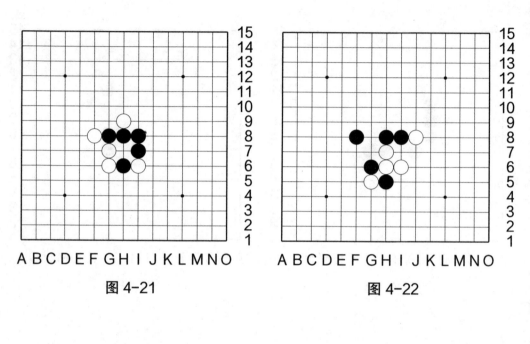

图 4-21   图 4-22

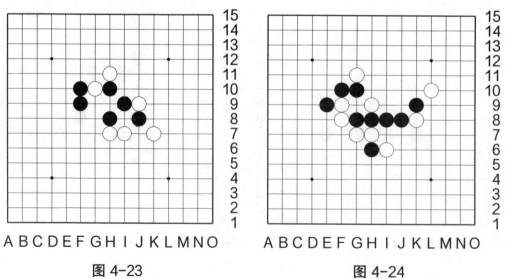

图 4-23   图 4-24

第四章 综合训练100题

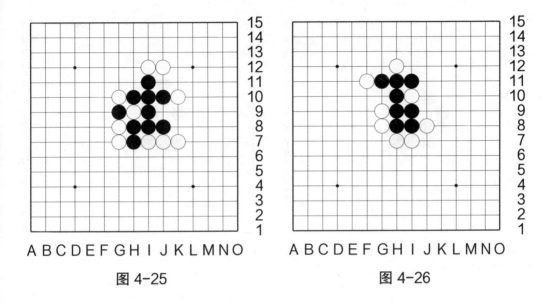

图 4-25

图 4-26

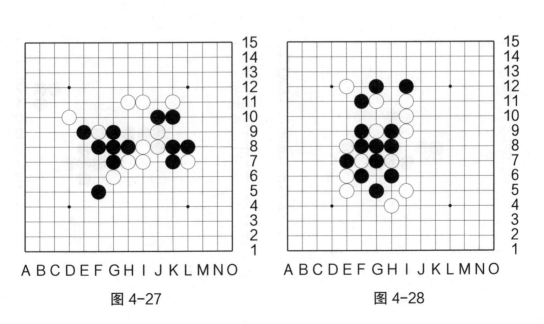

图 4-27

图 4-28

131

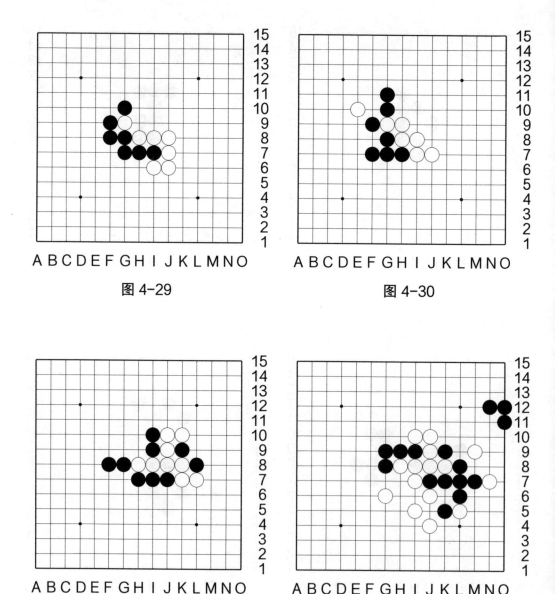

图 4-29

图 4-30

图 4-31

图 4-32

第四章 综合训练 100 题

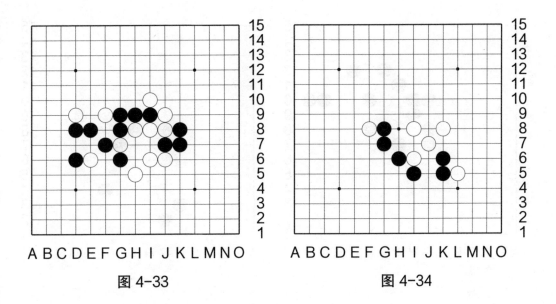

图 4-33　　　　　　　　图 4-34

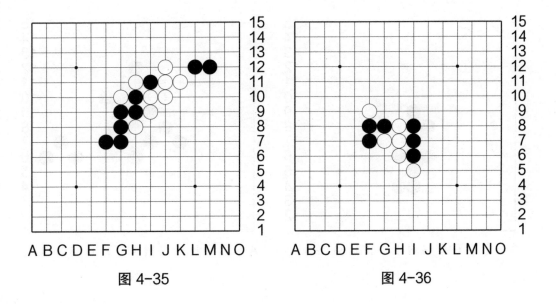

图 4-35　　　　　　　　图 4-36

133

五子棋入门

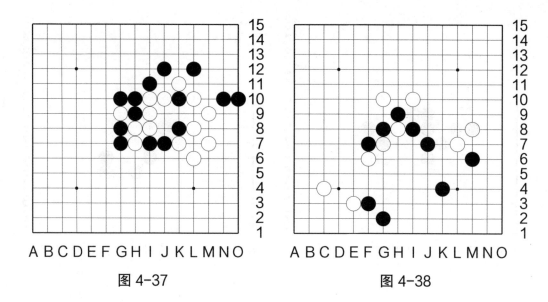

图 4-37

图 4-38

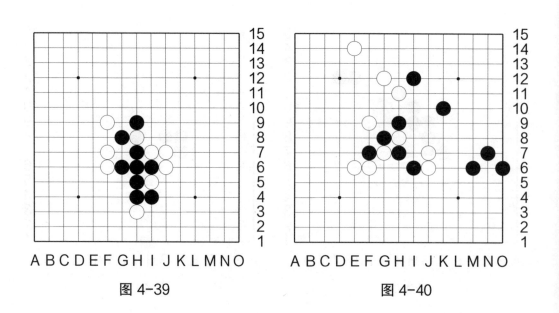

图 4-39

图 4-40

第四章 综合训练100题

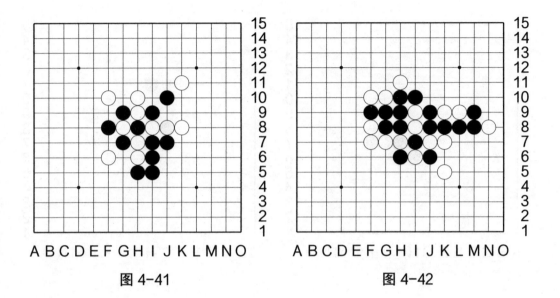

图 4-41

图 4-42

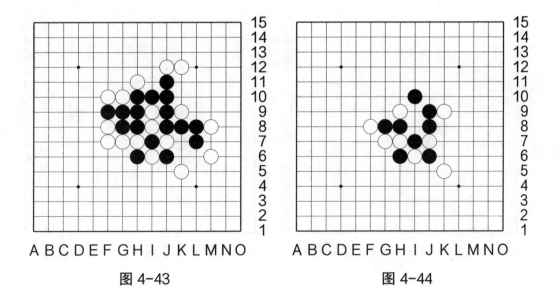

图 4-43

图 4-44

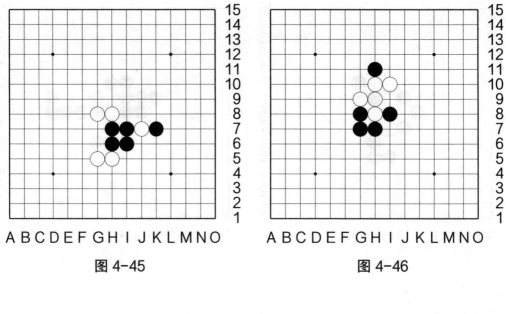

图 4-45   图 4-46

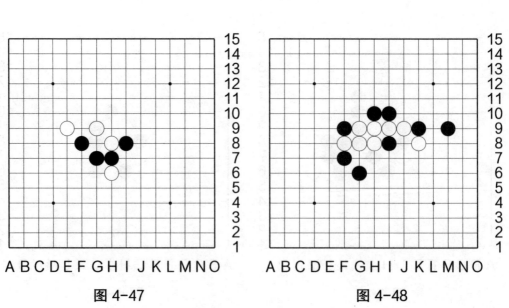

图 4-47   图 4-48

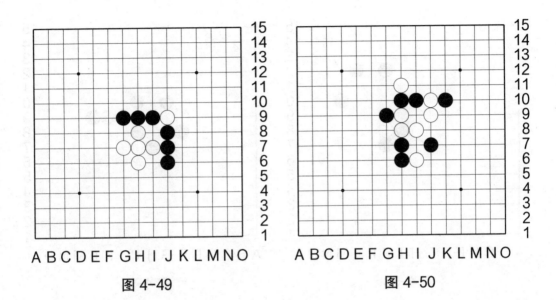

图 4-49　　　　　　　图 4-50

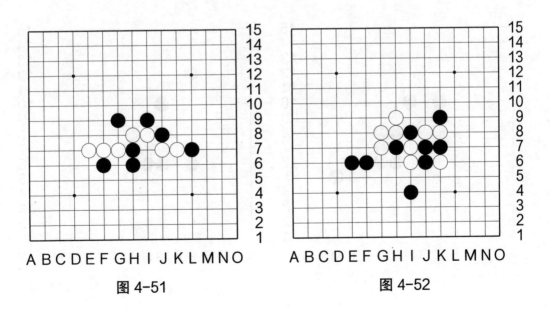

图 4-51　　　　　　　图 4-52

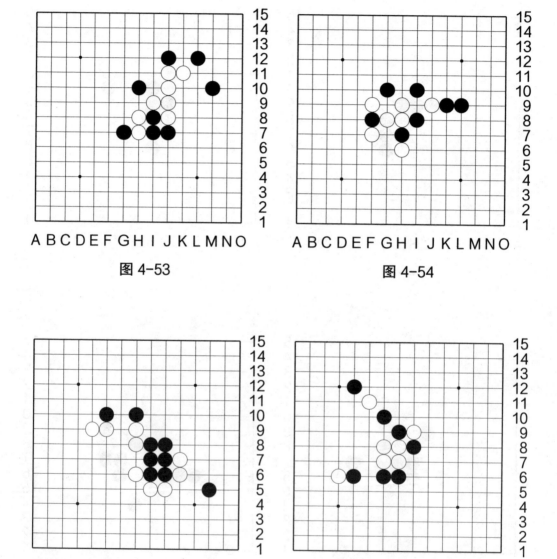

图 4-53　　　　　　　图 4-54

图 4-55　　　　　　　图 4-56

第四章 综合训练100题

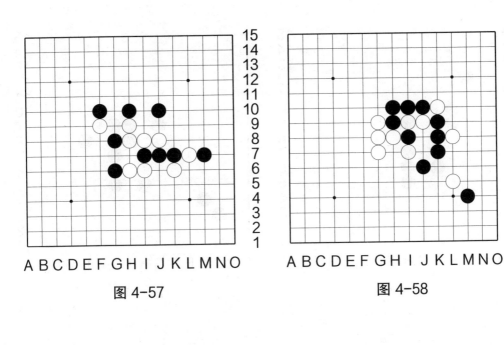

图 4-57

图 4-58

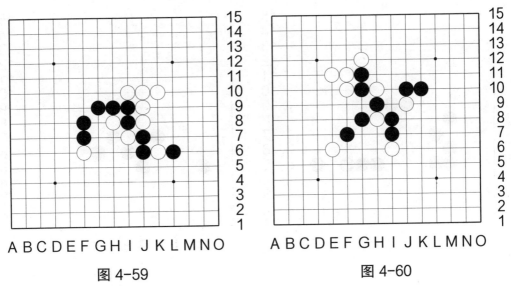

图 4-59

图 4-60

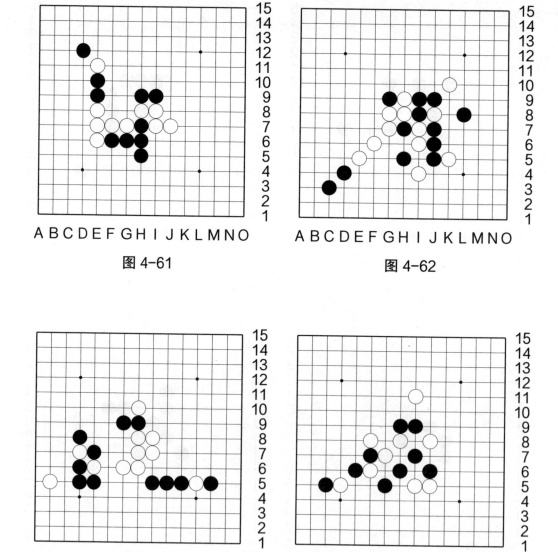

图 4-61

图 4-62

图 4-63

图 4-64

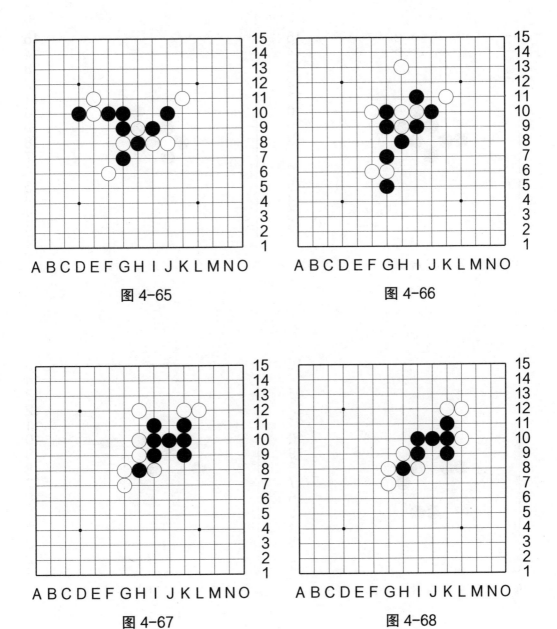

图 4-65

图 4-66

图 4-67

图 4-68

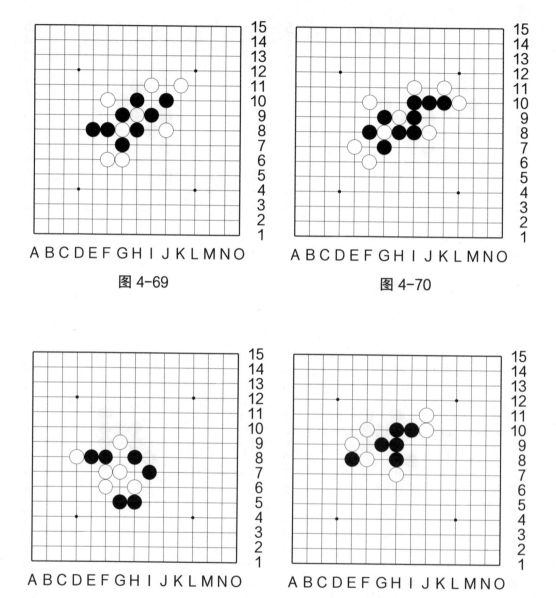

图 4-69   图 4-70

图 4-71   图 4-72

第四章 综合训练100题

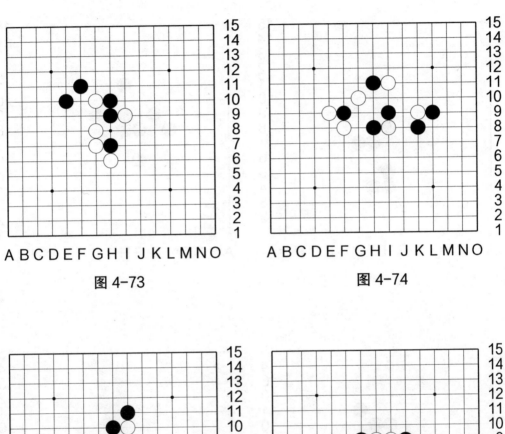

图 4-73

图 4-74

图 4-75

图 4-76

五子棋入门

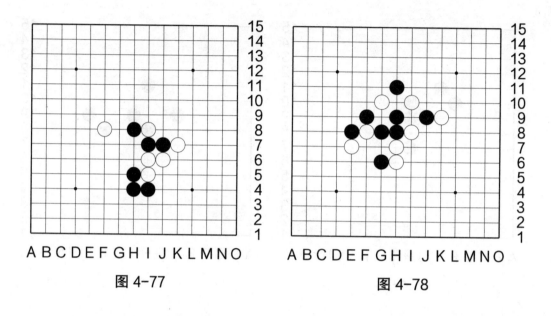

图 4-77

图 4-78

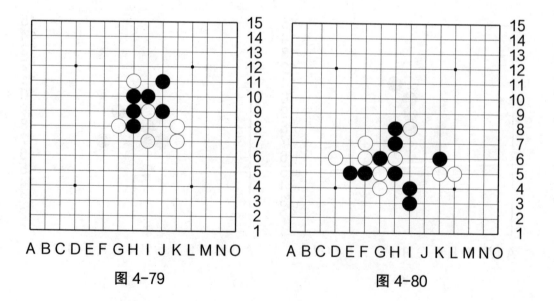

图 4-79

图 4-80

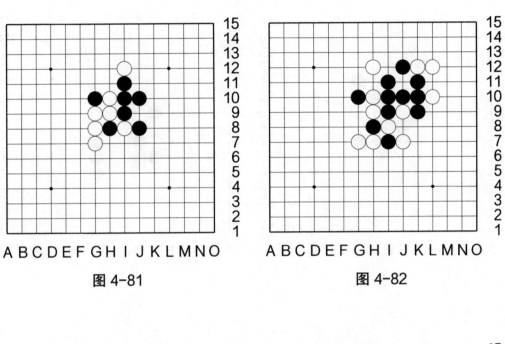

图 4-81

图 4-82

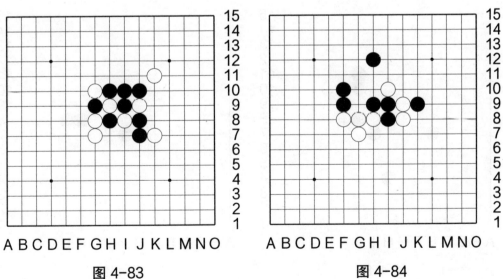

图 4-83

图 4-84

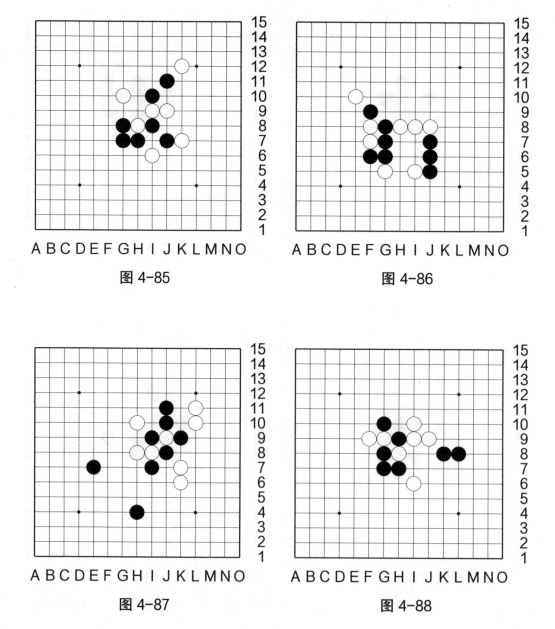

图 4-85

图 4-86

图 4-87

图 4-88

第四章 综合训练100题

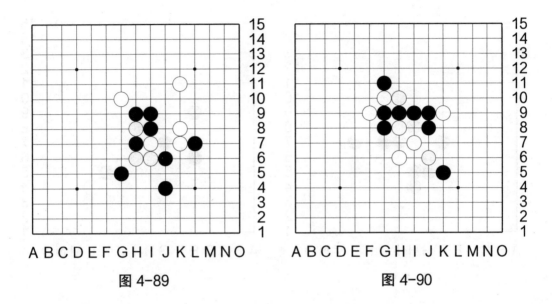

图 4-89

图 4-90

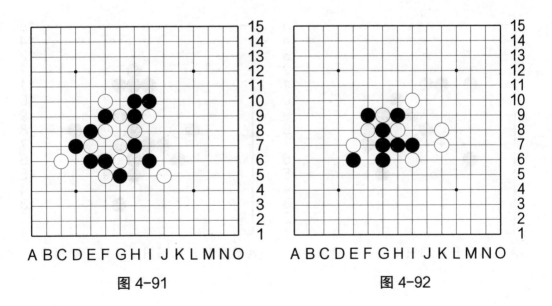

图 4-91

图 4-92

147

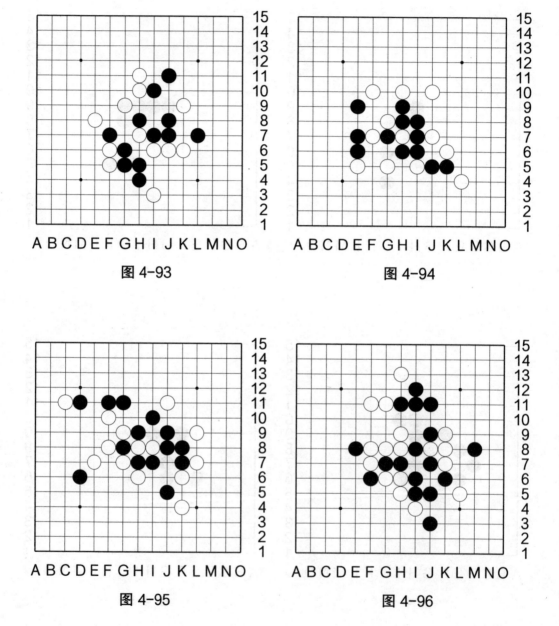

图 4-93

图 4-94

图 4-95

图 4-96

第四章 综合训练100题

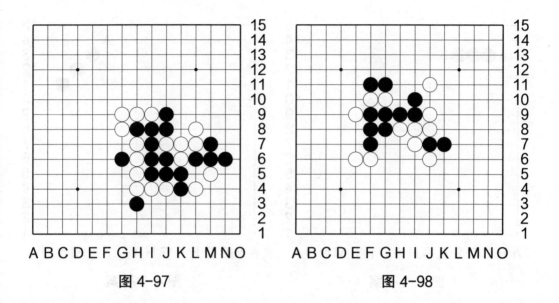

图 4-97   图 4-98

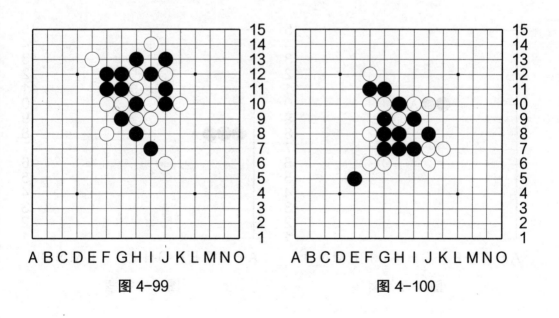

图 4-99   图 4-100

答案

图中，黑子落在 A 点、B 点或先后落在 A 点再 B 点，即可获胜。

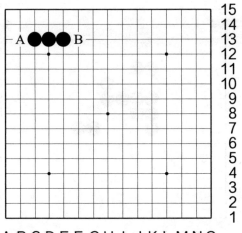

图 4-1 答案

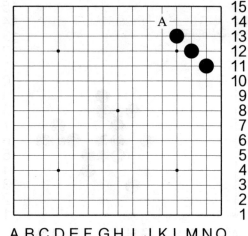

图 4-2 答案

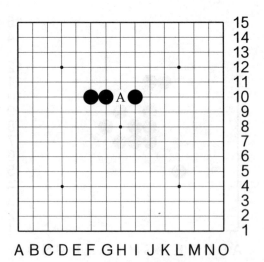

图 4-3 答案

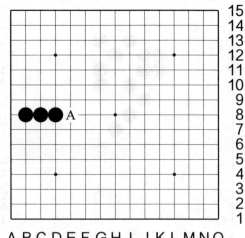

图 4-4 答案

第四章 综合训练 100 题

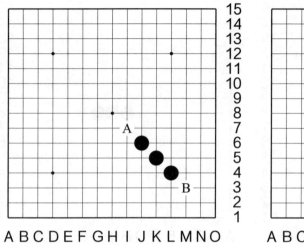

图 4-5 答案

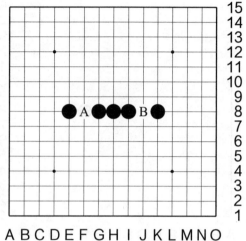

图 4-6 答案

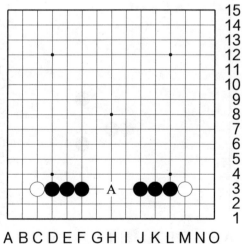

图 4-7 答案

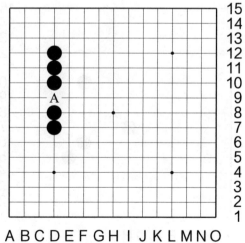

图 4-8 答案

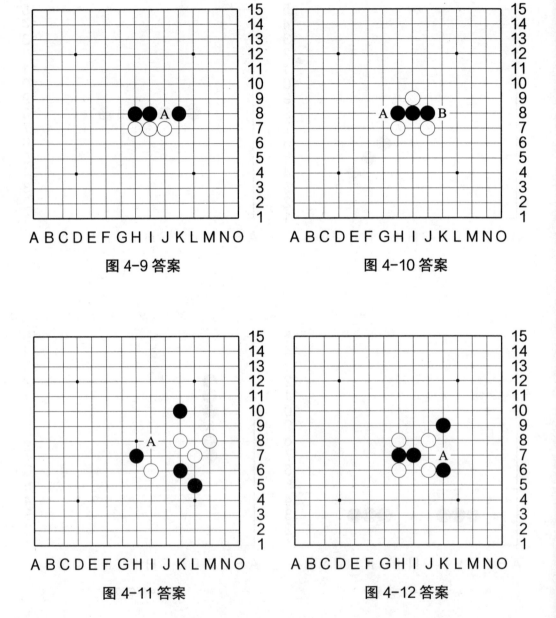

图 4-9 答案

图 4-10 答案

图 4-11 答案

图 4-12 答案

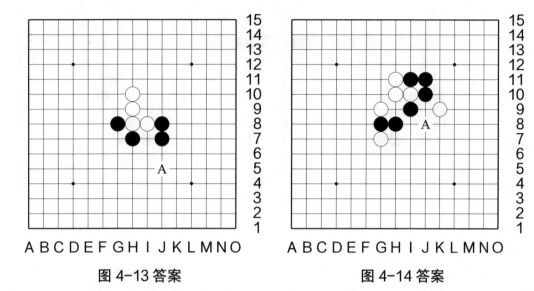

图 4-13 答案

图 4-14 答案

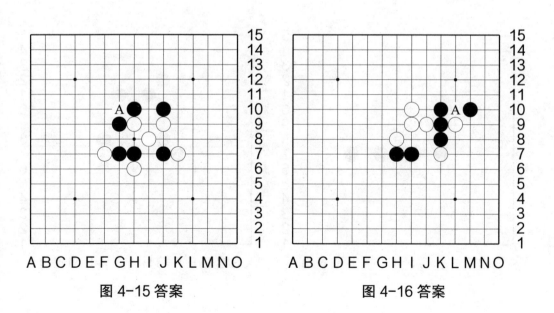

图 4-15 答案

图 4-16 答案

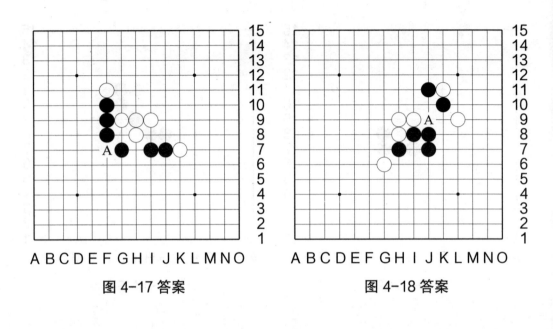

图 4-17 答案

图 4-18 答案

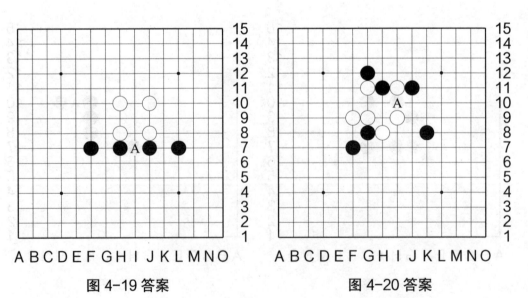

图 4-19 答案

图 4-20 答案

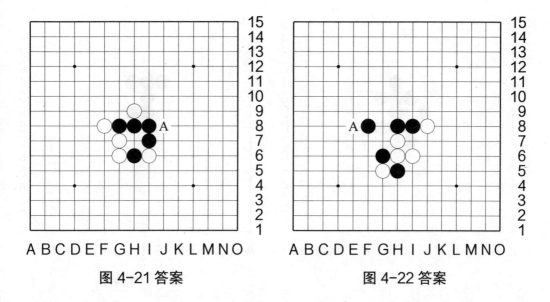

图 4-21 答案　　　　　　　图 4-22 答案

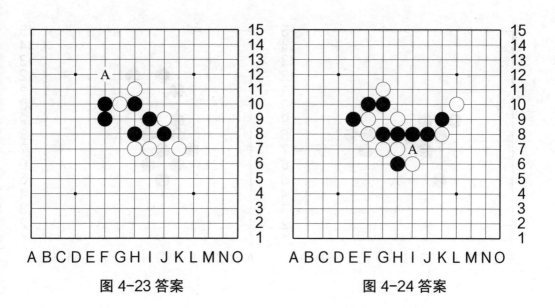

图 4-23 答案　　　　　　　图 4-24 答案

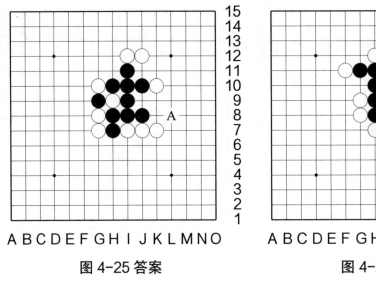

图 4-25 答案

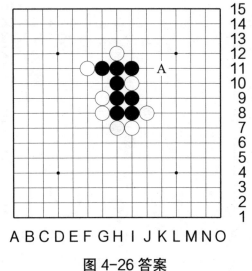

图 4-26 答案

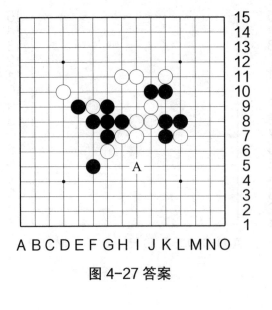

图 4-27 答案

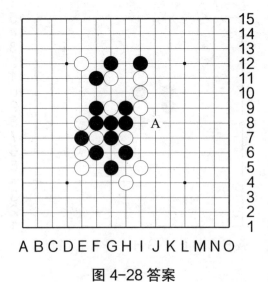

图 4-28 答案

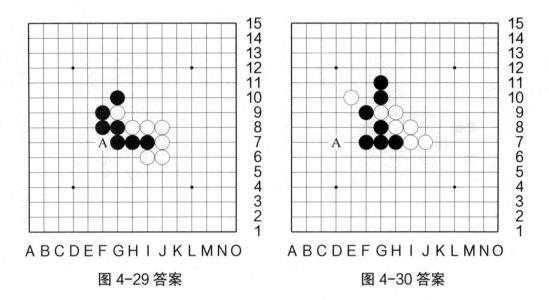

图 4-29 答案

图 4-30 答案

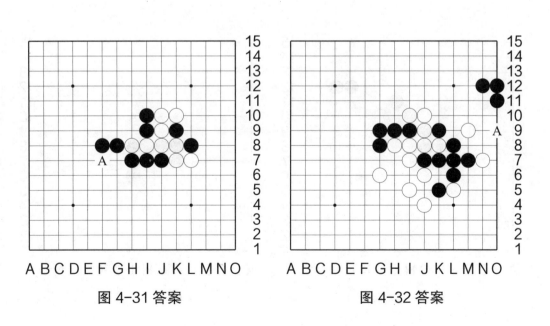

图 4-31 答案

图 4-32 答案

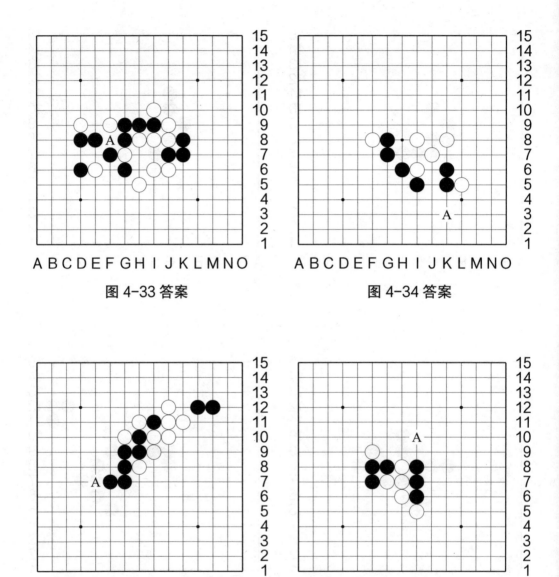

图 4-33 答案

图 4-34 答案

图 4-35 答案

图 4-36 答案

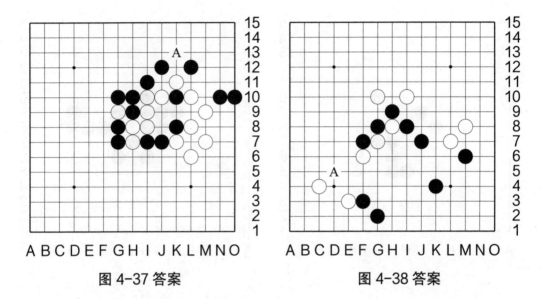

图 4-37 答案　　　　　　图 4-38 答案

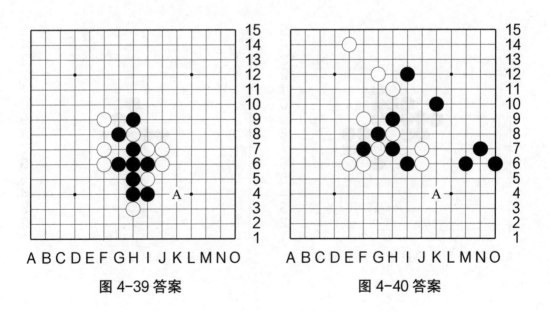

图 4-39 答案　　　　　　图 4-40 答案

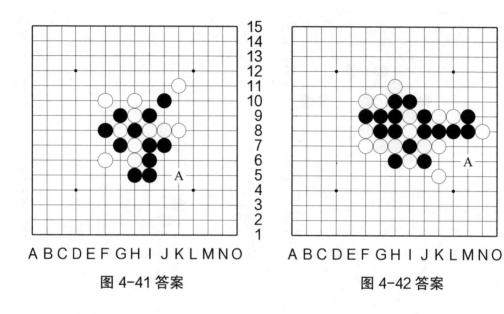

图 4-41 答案

图 4-42 答案

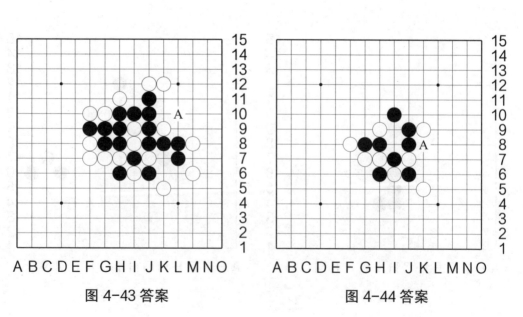

图 4-43 答案

图 4-44 答案

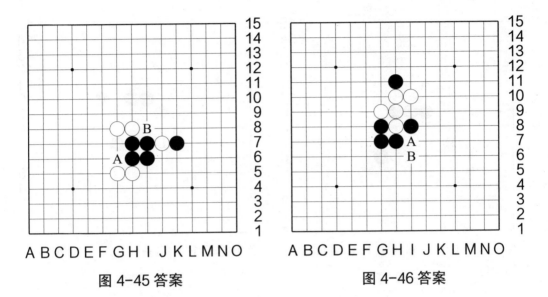

图 4-45 答案

图 4-46 答案

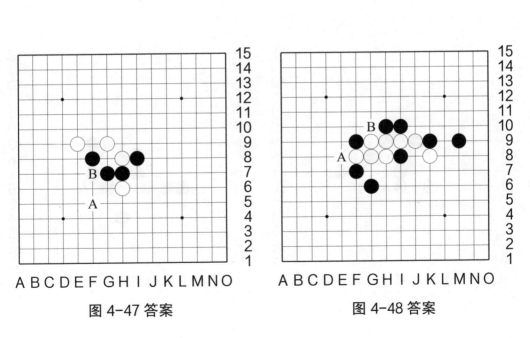

图 4-47 答案

图 4-48 答案

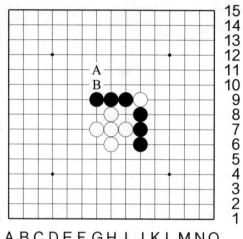

图 4-49 答案

图 4-50 答案

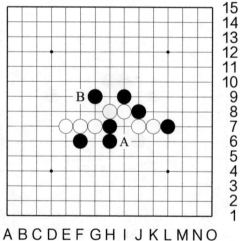

图 4-51 答案

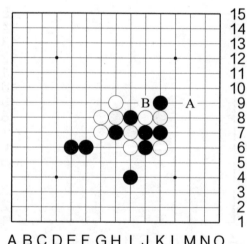

图 4-52 答案

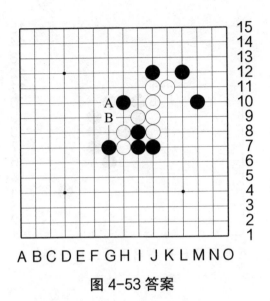

图 4-53 答案

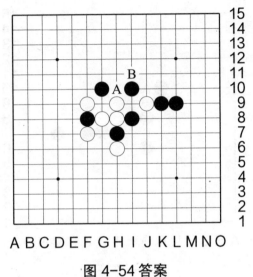

图 4-54 答案

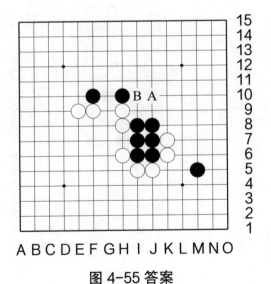

图 4-55 答案

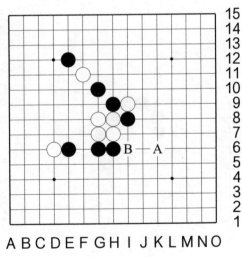

图 4-56 答案

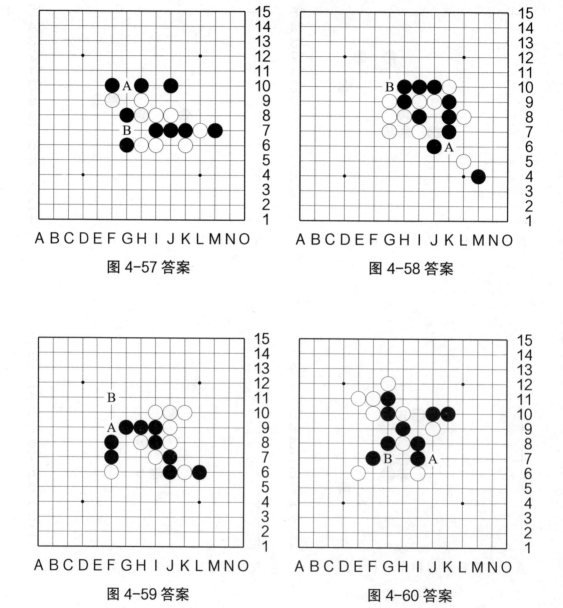

图 4-57 答案

图 4-58 答案

图 4-59 答案

图 4-60 答案

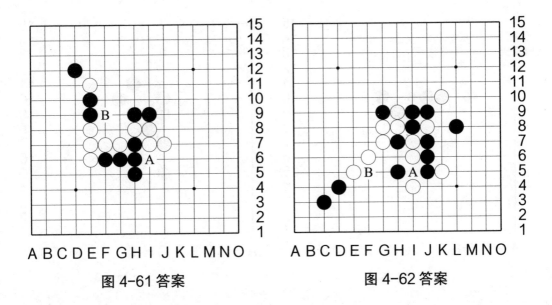

图 4-61 答案

图 4-62 答案

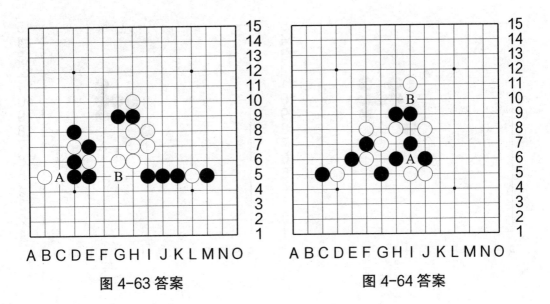

图 4-63 答案

图 4-64 答案

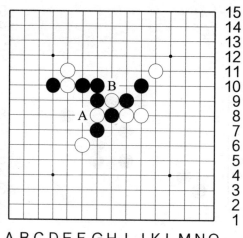

图 4-65 答案

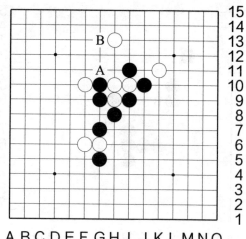

图 4-66 答案

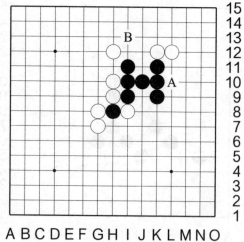

图 4-67 答案

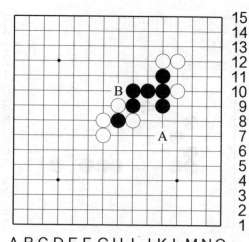

图 4-68 答案

第四章 综合训练100题

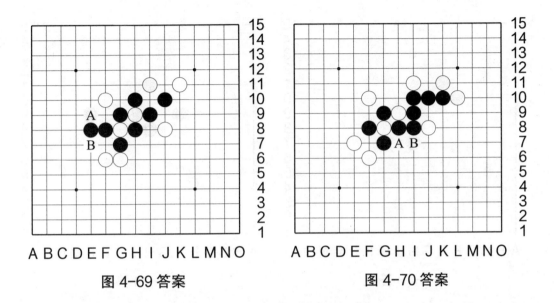

图 4-69 答案

图 4-70 答案

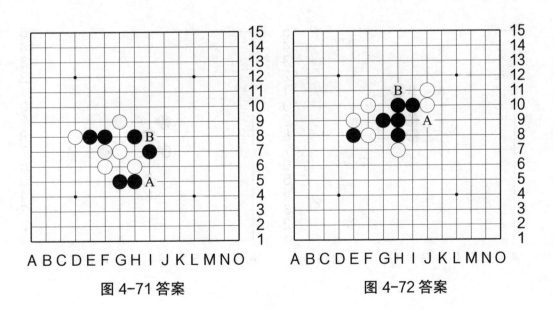

图 4-71 答案

图 4-72 答案

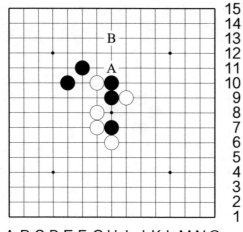

图 4-73 答案

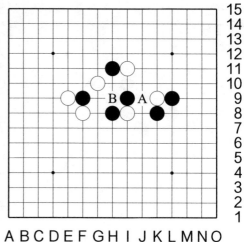

图 4-74 答案

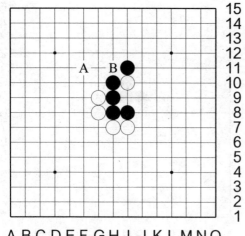

图 4-75 答案

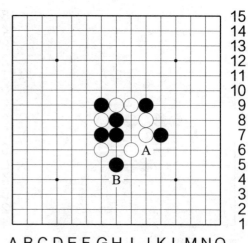

图 4-76 答案

第四章 综合训练100题

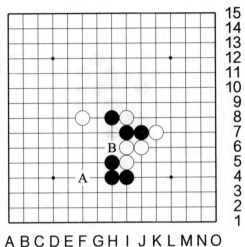

图 4-77 答案

图 4-78 答案

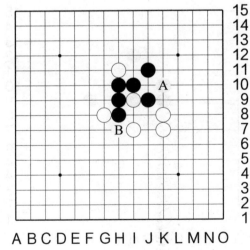

图 4-79 答案

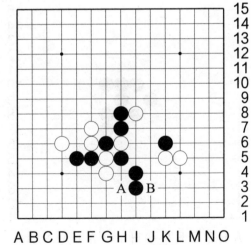

图 4-80 答案

169

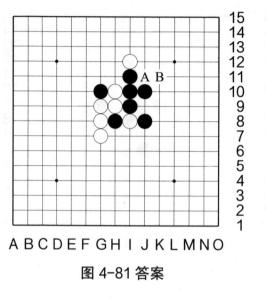

图 4-81 答案

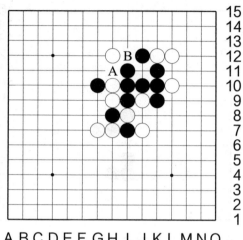

图 4-82 答案

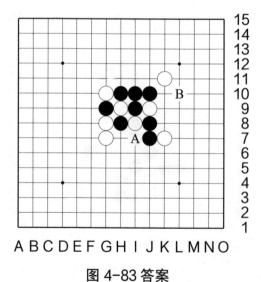

图 4-83 答案

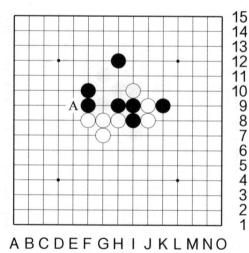

图 4-84 答案

第四章 综合训练100题

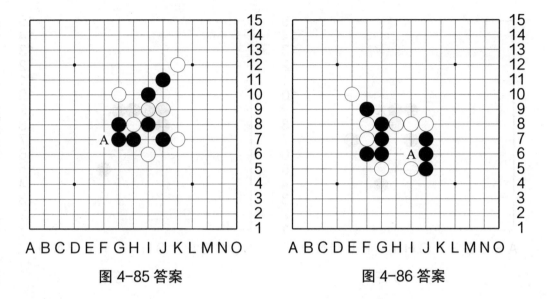

图 4-85 答案   图 4-86 答案

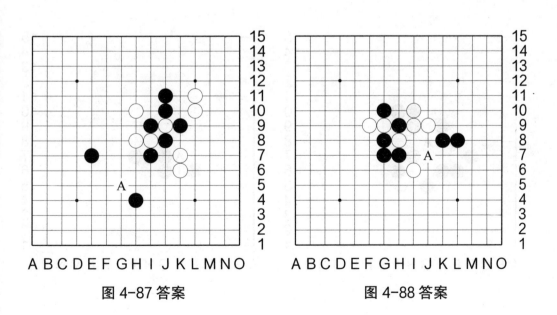

图 4-87 答案   图 4-88 答案

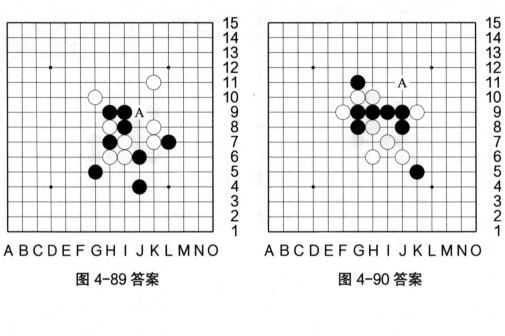

图 4-89 答案　　　　　图 4-90 答案

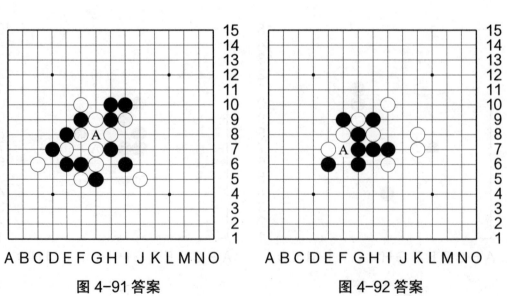

图 4-91 答案　　　　　图 4-92 答案

第四章 综合训练100题

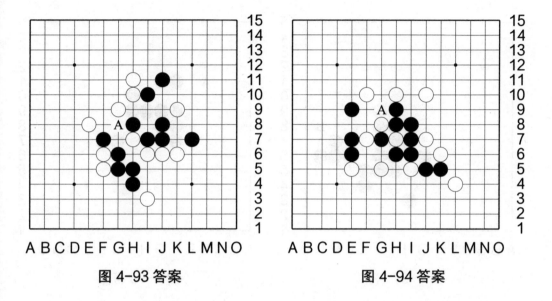

图 4-93 答案

图 4-94 答案

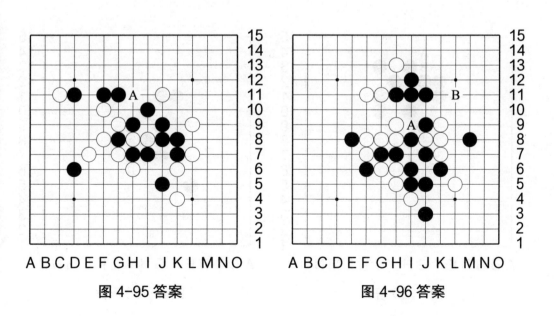

图 4-95 答案

图 4-96 答案

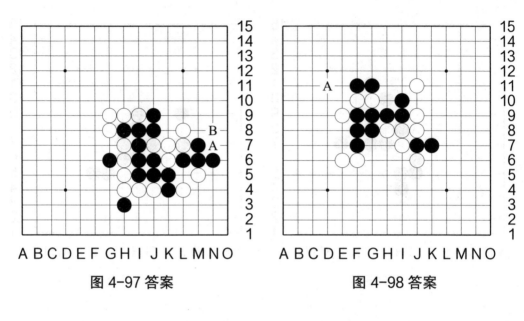

图 4-97 答案

图 4-98 答案

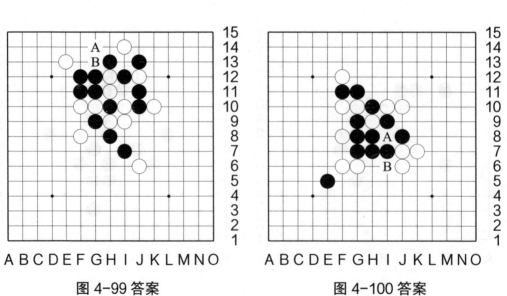

图 4-99 答案

图 4-100 答案

第五章　五子棋专业规则

五子棋专业规则用简单的一句话来描述，就是"黑棋有禁手，白棋无禁手"。与五子棋大众规则不同的是，五子棋专业规则是通过规则来限制并削弱黑棋的先手优势，以此来增加白棋取胜手段的同时，也丰富了五子棋的变化，使五子棋的攻防战术更加多彩多姿。

一、专业规则详解

五子棋专业规则规定：黑方不能用"三三""四四"或者"长连"的方法赢棋，否则，会判黑方输棋。

我们把这些黑棋不能下的点统称为"禁手"。在这里，需要特别强调的是，五连与禁手同时出现则禁手失效，先五为胜。

（一）三三禁手

图5-1~图5-8是三三禁手的基本形，图中"A"处就是黑棋三三禁手点。"三"指的是活三，判断活三的标准，是看它能否形成活四。三三禁手的判断标准是一子落下同时形成两个或者两个以上的活三，这一子的落点就是三三禁手点。

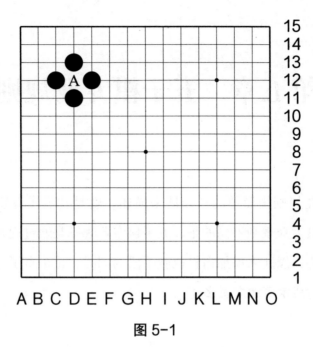

图 5-1

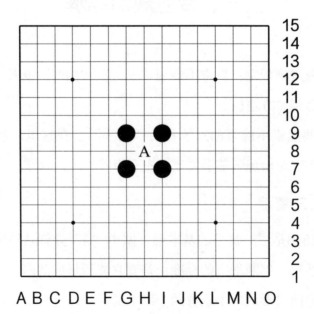

图 5-2

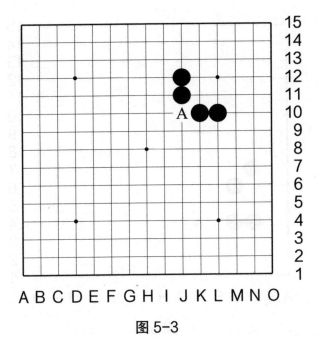

图 5-3

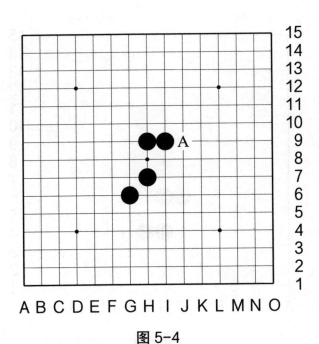

图 5-4

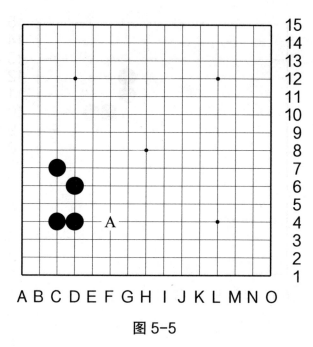

图 5-5

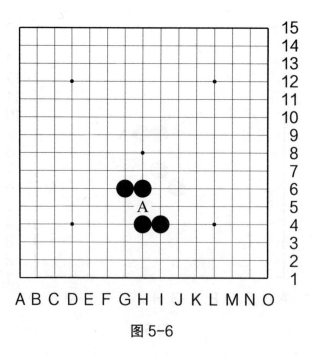

图 5-6

第五章　五子棋专业规则

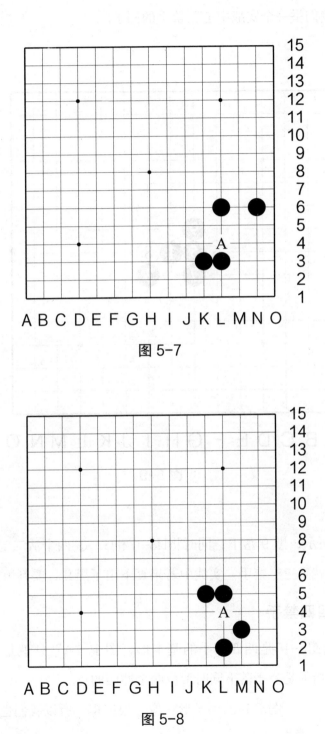

图 5-7

图 5-8

下面，我们举一个实战中三三禁手的例子。

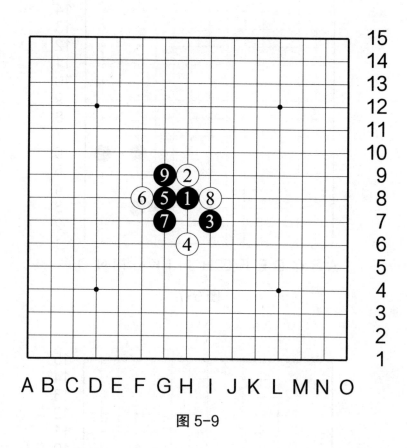

图 5-9

如图5-9所示，黑 9 落下，同时将H8-I7和G7-G8两个活二变成两个活三。此时，黑 9 位就是三三禁手。实战中若果真下出了黑 9，要判黑棋负。

（二）四四禁手

图5-10~图5-15是四四禁手的基本形，图中"A"处就是黑棋四四禁手点。"四四"指的是一子落下同时形成两个冲四的点。

需要说明一下，图5-14的黑子形状像一根扁担，所以我们也把它叫作"扁担禁手"。

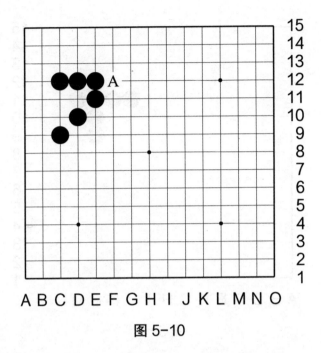

图 5-10

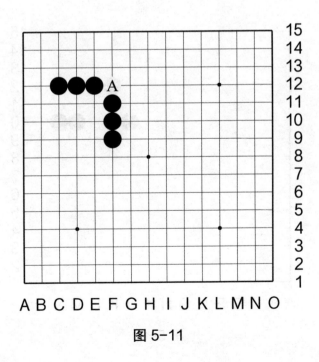

图 5-11

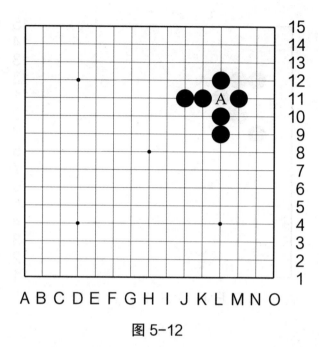

图 5-12

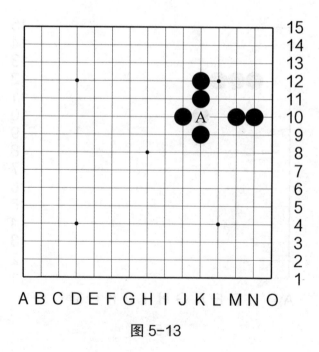

图 5-13

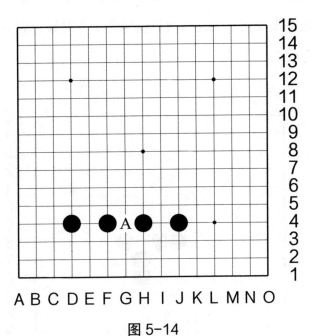

图 5-14

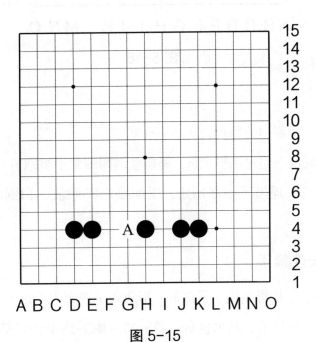

图 5-15

下面，我们举一个在实战中白棋抓黑棋四四禁手的例子。白棋捉禁的取胜手段必须依靠先手来实现。因此当白棋获得先手的时候，应该先审视盘面上是否有抓禁手的手段。

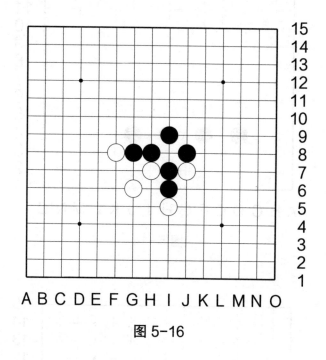

图 5-16

如图5-16，轮到白方行棋。

通过观察发现，逼迫黑棋走I8，黑棋会因四四禁手被判负。

白走J9活三，逼黑子下在I8处，黑如接走F5顽抗，白则K10，黑依旧无解，只得认负。

（三）长连禁手

"长连禁手"是指黑棋一子落下，形成六个或者六个以上长连的棋形，符合这一点就是长连禁手，判黑棋负。图5-17～图5-19中，"A"处就是黑棋的长连禁手点。

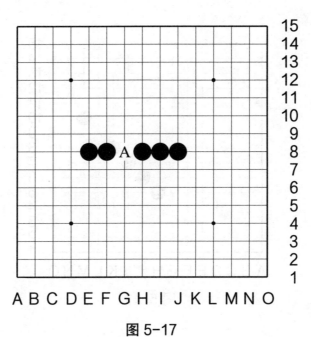

图 5-17

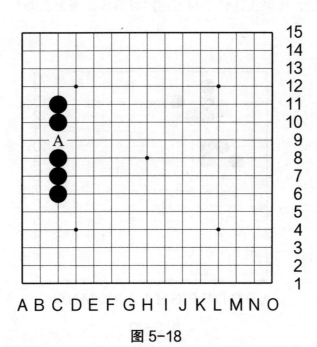

图 5-18

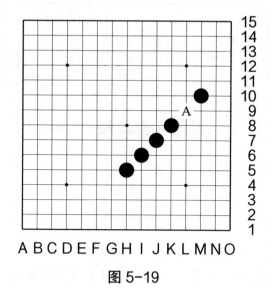

图 5-19

提一个问题，如果长连禁手与五连同时形成，那怎么办？

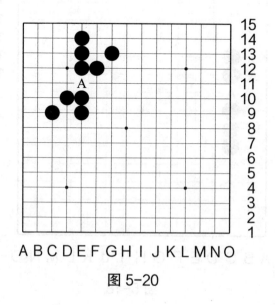

图 5-20

图5-20中的A点，在直线上会形成一个六子长连，在斜线上可以形成五连。

请大家注意，五子棋专业规则规定，五连大于一切。也就是说，只要一步能做成五连，即使同时是禁手也没关系。因此，图5-20中，黑子下在A点是可以赢的。

二、各式开局及规则介绍

五子棋的开局一共有26种，以"星"和"月"命名。

五子棋专业规则规定：黑棋第一步必须下在棋盘中间的"天元"。第二颗子，也就是白子，要贴住第一颗子落下。如果第二手在直线上贴住黑棋，我们称作"直指"。如果第二手在斜线上贴住黑棋，我们称作"斜指"。第三步时，黑棋必须在天元周围5×5的范围之内落子。

（一）五子棋直指开局的名称

26种开局见图5-21～图5-33。

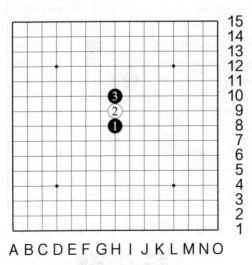

图 5-21　寒星

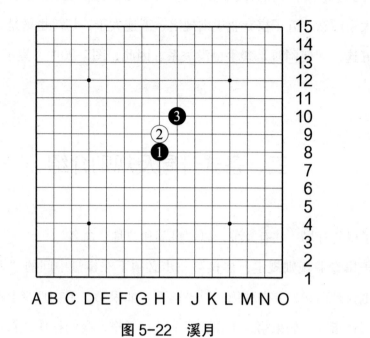

图 5-22 溪月

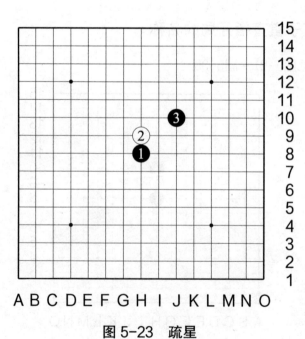

图 5-23 疏星

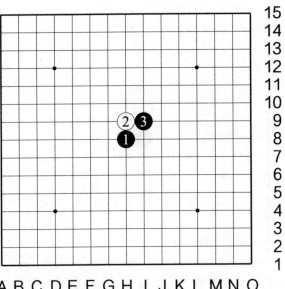

图 5-24 花月

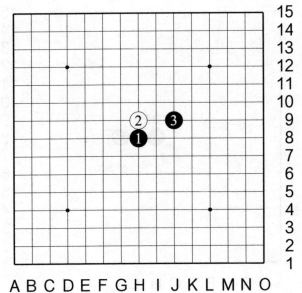

图 5-25 残月

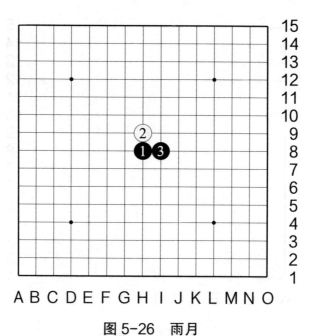

图 5-26 雨月

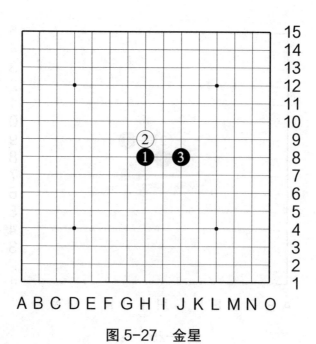

图 5-27 金星

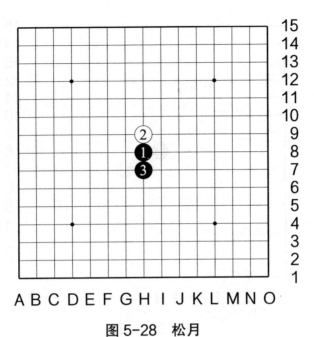

图 5-28 松月

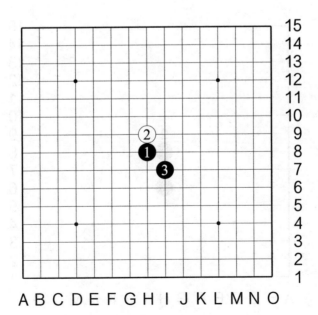

图 5-29 丘月

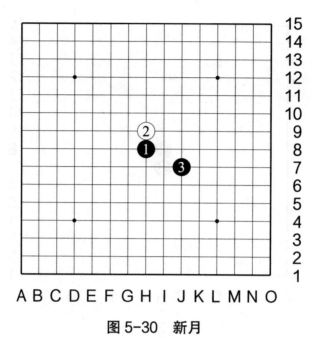

图 5-30 新月

图 5-31 瑞星

第五章 五子棋专业规则

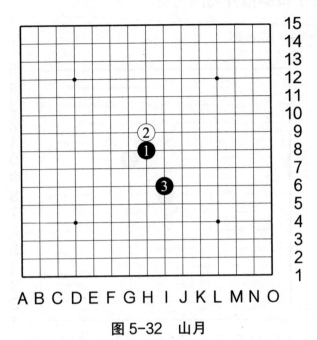

图 5-32 山月

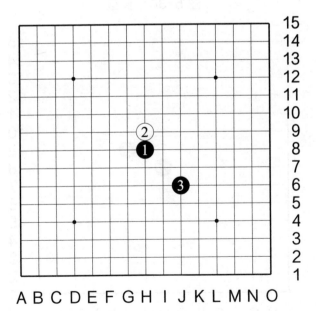

图 5-33 游星

（二）五子棋斜指开局的名称

分别见图5-34～图5-46。

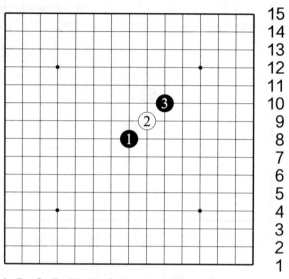

图 5-34　长星

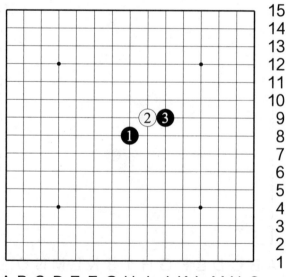

图 5-35　峡月

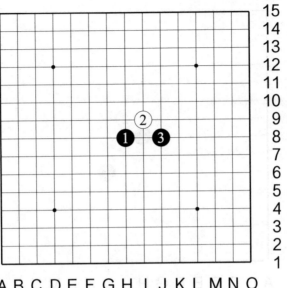

图 5-36　恒星

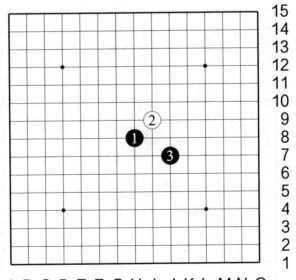

图 5-37　水月

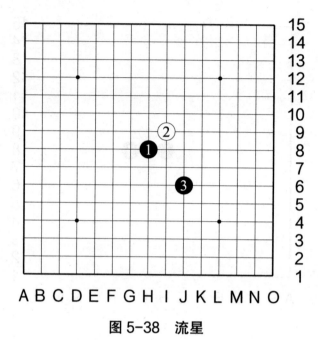

图 5-38 流星

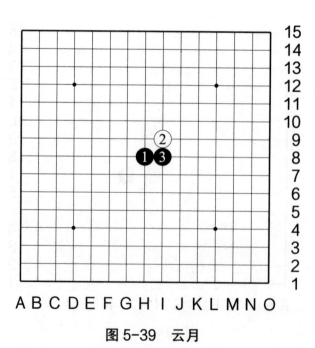

图 5-39 云月

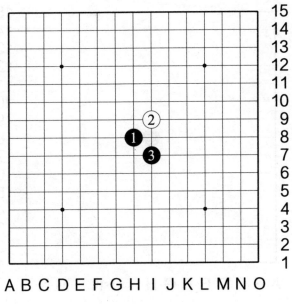

图 5-40 浦月

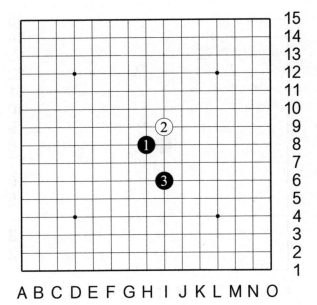

图 5-41 岚月

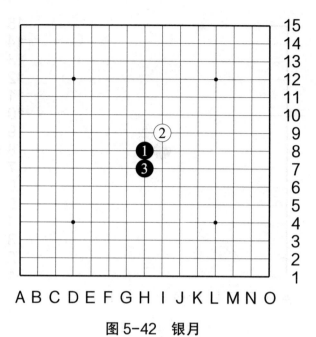

图 5-42 银月

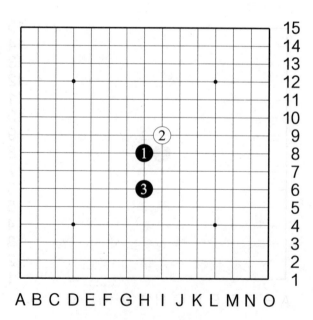

图 5-43 明星

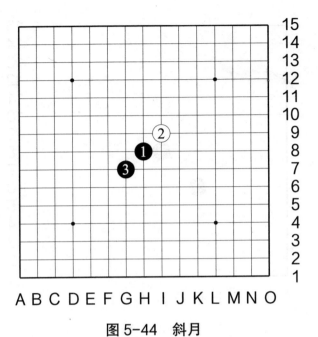

图 5-44 斜月

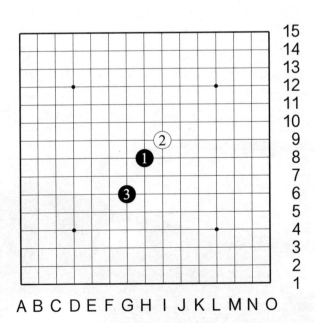

图 5-45 名月

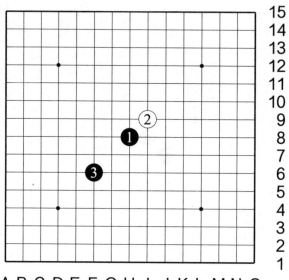

图 5-46 彗星